Frank Schulz-Nieswandt

Gemeinwirtschaft und Gemeinwohl

Eine Diskurseröffnung

Redaktion:

Professur für Sozialpolitik und Methoden der qualitativen Sozialforschung im ISS,
Universität zu Köln | Albertus-Magnus-Platz | D-50923 Köln |
Telefon 0221/470-6615 | E-Mail: redaktion-zoegu@uni-koeln.de

Die Deutsche Nationalbibliothek verzeichnet diese Publikation in der Deutschen Nationalbibliografie; detaillierte bibliografische Daten sind im Internet über http://dnb.d-nb.de abrufbar.

ISBN 978-3-8487-7924-6 (Print)

ISBN 978-3-7489-2312-1 (ePDF)

1. Auflage 2020

Beiheft 55
2020

Organ des Bundesverbandes Öffentliche Dienstleistungen – Deutsche Sektion des CEEP

Gegründet von Prof. Dr. Dr. h.c. mult. **Peter Eichhorn** | Dr. **Achim v. Loesch**

Prof. Dr. Frank Schulz-Nieswandt

Inhaltsverzeichnis

Gemeinwirtschaft und Gemeinwohl

Eine Diskurseröffnung zur „Zeitschrift für Gemeinwirtschaft und Gemeinwohl (Z'GuG)" im Nomos-Verlag

Vorwort

„Die ZögU verabschiedet sich, die Z'GuG stellt sich vor!" Mit dieser Überschrift habe ich als federführender Herausgeber der ZögU im Auftrag auch des NOMOS-Verlages im Heft 4 des 43. Jahrgangs (2020) der *Zeitschrift für öffentliche und gemeinwirtschaftliche Unternehmen* (ZögU) sozusagen »in eigener Sache« informiert, dass dieses traditionsreiche renommierte Journal endet. Ich schrieb, hier jetzt einige Fußnoten einbauend, dort: „Das ist durchaus eine traurige Nachricht, die sich aber zugleich an eine neue, freudige Perspektive knüpft. In der Nachfolge der ZögU erscheint im NOMOS-Verlag im ersten Quartal 2021 Heft 1 der *Zeitschrift für Gemeinwirtschaft und Gemeinwohl* (Z'GuG) (*Journal of Social Economy and Social Welfare).* Der Verlag hat mich beauftragt, die Zeitschrift federführend herauszugeben. Die Aufstellung des Herausgeberkreises und des Herausgeberbeirates ist noch »work in progress«. Personelle Kontinuitäten und personelle Neuerungen werden sich mischen." Weiter lautet es: „Eine wichtige Kontinuität wird sich abzeichnen, weil die Themengebiete des Öffentlichen Wirtschaftens und der Non-for-Profit-Ökonomie weiterhin Teil des Profils der Zeitschrift sein werden. Ein Fokus liegt auf der morphologischen Theorie und Praxis der Gemeinwirtschaft in verschiedenen Trägerschaften,[1] die öffentlicher, freier und genossenschaftlicher Art sein können. Neben der öffentlichem Wirtschaft und den angrenzenden Themen der Verwaltungslehre interessieren also auch die gemeinwirtschaftlichen Formen der Sozialwirtschaft und die gemeinwirtschaftlichen Typen[2] des genossenschaftlichen Wirtschaftens oder des genossenschaftsartigen Lebens (des Wohnens, des Konsums, des Arbeitens etc.). Die Zeitschrift ist daher offen für Fragen der Wirtschafts- und Sozialordnungs- sowie der Unternehmens- und Organisationsethik. Doch auch weitere Themenfelder sollen sich einfügen. Im Schnittbereich zur Sozialpolitik[3] soll die Sozialraumbildung zu einem wichtigen Feld der Z'GuG werden. Damit kristallisieren sich die Diskurskreise zu Inklusion, Moral Economy, Community-Building, Caring Community, Netzwerkentwicklung und Nachbarschaft als Gegenseitigkeitshilfegebilde in ihrer Bedeutung für die

1 Schulz-Nieswandt F (2013) Zur Formlogik und funktionellen Grammatik von Sparkassen und Kreditgenossenschaften – zwei ungleiche Zwillinge? In Rösner H J & Schulz-Nieswandt F (Hrsg) Kölner Beiträge zum Internationalen Jahr der Genossenschaften 2012. LIT, Münster: 205-226.

2 Schulz-Nieswandt F (2015) Metamorphosen zur gemeinwirtschaftlichen Genossenschaft. Grenzüberschreitungen in subsidiärer Geometrie und kommunaler Topologie. Nomos, Baden-Baden.

3 Schulz-Nieswandt F (2016) Im alltäglichen Labyrinth der sozialpolitischen Ordnungsräume des personalen Erlebnisgeschehens. Eine Selbstbilanz der Forschungen über drei Dekaden. Duncker & Humblot, Berlin.

Z'GuG heraus. Diese Themen, Zivilgesellschaft und die Formen bürgerschaftlichen Engagements einbeziehend,[4] ordnen sich in die Problematik kommunaler Daseinsvorsorge[5] ein.
Ferner öffnet sich die Z'GuG den Diskursen zu den Gemeinschaftsgütern[6] (Commons),[7] der Sharing Economy,[8] aber auch anthropologisch grundlegenden Daseinsthemen wie Gabe[9] und Reziprozität,[10] des Schenkens, Teilens, Spendens, Widmens. Auch die digitale Transformation[11] wird uns thematisch ständig begleiten.
Die Z'GuG[12] wird eine ausgeprägte Inter- und Multidisziplinarität (Sozial-, Wirtschafts-, Rechts-, Religions-, Geschichtswissenschaft, Psychologie, Anthropologie/Ethnologie) pflegen, sich modernen kulturwissenschaftlichen Diskursen zu Diversität, Gender,[13] Alterität etc. öffnen. Sie ist offen für grundlagenwissenschaftliche, für sozialempirische und für Praxis-relevante, angewandte Forschung. Die alles integrierende Klammer ist die Idee der Gemeinwirtschaft und die hierbei leitende Gemeinwohl- und Grundrechtsorientierung des der sozialen Gerechtigkeit[14] verpflichteten sozialen Rechtsstaates."
Schließlich kündigte ich in dieser Information an die Leserschaft der ZögU an, dass Ende des Jahres 2020 als zweites Beiheft eine kleine wissenschaftliche Abhandlung zu diesem Verständnis von Gemeinwirtschaft und Gemeinwohl, aber nicht als programmatische Darlegung der »Philosophie« der Z'GuG, vorgelegt wird, die einer vertiefenden Orientierung der fachlich interessierten Umwelt dienen soll. Es geht also nicht um das offizielle Programm, das wohl möglich auch noch so (falsch) verstanden werden könnte, als ob nun mein streitiger Essay in den Beiträgen der Zeitschrift abzuarbeiten wäre. Natürlich nicht. Aber das Spektrum der Diskursthemen in meinem vorliegenden Beitrag – und auch dies nicht vollständig, allumfänglich und richtig akzentuiert – kann vielleicht deutlich machen, worum es gehen kann. Die Positionierun-

---

4 Schulz-Nieswandt F & Köstler U (2012) Das institutionelle und funktionale Gefüge von kommunaler Daseinsvorsorge und bürgerschaftlichem Engagement. Ein anthropologischer Zugang zu einem sozialmorphologisch komplexen Feld in sozialpolitischer Absicht. Zeitschrift für öffentliche und gemeinwirtschaftliche Unternehmen 35 (4): 465-478; Schulz-Nieswandt F (2015) Bürgerschaftliches Engagement im Kontext kommunaler Daseinsvorsorge In Exner S. u. a. (Hrsg) Silver-Age, Versorgungsfall oder doch ganz anders? Perspektiven auf Alter(n) und Altsein erweitern! Nomos, Baden-Baden: 58-77.

5 Schulz-Nieswandt F (2019) Daseinsvorsorge In Ross F, Rund M & Steinhaußen J (Hrsg) Alternde Gesellschaften gerecht gestalten. Stichwörter für die partizipative Praxis, Barbara Budrich, Opladen u. a.: 219-227.

6 Bernhardt Chr u. a. (Hrsg) (2009) Im Interesse des Gemeinwohls. Regionale Gemeinschaftsgüter in Geschichte, Politik und Planung. Campus, Frankfurt am Main-New York.

7 Söllner Th (2020) Der Commonismus als Wirtschaftsethik. Metropolis, Marburg.

8 Schläppli D & Gruber M-Chr (Hrsg) (2018) Von der Allmende zur Share Economy. Gemeinbesitz und kollektive Ressourcen in historischer und rechtlicher Perspektive. BWV, Berlin. Vgl. auch „Das Kommune: Kämpfe um das gemeinsame. Von Commons, Gemeingütern und sozialer Infrastruktur. Widersprüche (137). Westfälisches Dampfboot, Münster.

9 Schulz-Nieswandt F (2014) Onto-Theologie der Gabe und das genossenschaftliche Formprinzip. Nomos, Baden-Baden.

10 Schulz-Nieswandt F u. a. (2009): Generationenbeziehungen. Netzwerke zwischen Gabebereitschaft und Gegenseitigkeitsprinzip. Berlin: LIT.

11 Schulz-Nieswandt F (2019) Die Formung zum *Homo Digitalis*. Ein tiefenpsychologischer Essay zur Metaphysik der Digitalisierung. Könighausen & Neumann, Würzburg.

12 Die Struktur der Zeitschrift wird in den 4 Heften eines Jahrganges einerseits Themenschwerpunkte und andererseits freie Beiträge umfassen. Die Beiträge werden die international üblichen Standards zweiseitig anonymer Begutachtung durchlaufen und u. U. werden von der Herausgeberschaft Drittgutachten eingeholt. Die Z'GuG wird die Tradition der Beihefte, wie sie zur ZögU gehörte, jedoch nicht mehr fortführen.

13 Knobloch U (Hrsg) (2019) Ökonomie des Versorgens. Juventa in Beltz, Weinheim-Basel.

14 Schulz-Nieswandt F (2017) Soziale Gerechtigkeit. In Deutscher Verein für öffentliche und private Fürsorge (Hrsg) Fachlexikon der sozialen Arbeit. 8. Aufl. Nomos, Baden-Baden: Nomos: 790-791.

gen, die ich persönlich zu diesen Themen der Diskurslandschaft hier darlege, sind eben nur ein erster Beitrag zur Diskurseröffnung.
Genau dieses Bändchen liegt der Leserschaft hiermit nun in aller Dichte vor. In den aus dem Reichtum bedeutungsvoller Literatur ausgewählten Literaturverweisen dominieren z. T. Angaben von zentralen Publikationen des Verfassers selbst. Der Grund ist einfach: Ein sehr großer Teil relevanter Literatur ist dort verarbeitet und quellenmäßig erfasst.[15] Dieser Narzissmus sei also bitte hingenommen.

Einleitung

Im Begriff der »Gemeinwohlökonomie«[16] kommen Gemeinwirtschaft und Gemeinwohl zusammen. Dennoch gibt es auch hier viele Variationen. Auf die Arbeiten von Susanne Elsen[17] zur Gemeinwesenökonomie ist hinzuweisen. Auf die Arbeiten von Christian Felber geht eine der viel beachteten zentralen Positionen zurück. Ihm geht es um eine „Alternative zu Kommunismus und Kapitalismus", und dies mit „Neue(n) Werten für die Wirtschaft". Aber dieser Titel[18] ist in der Semantik polyvalent, er hätte im Kontext der katholischen Soziallehre[19] auch von Oswald von Nell-Breuning stammen können, als er 1968 seine „Baugesetze der Gesellschaft"[20] schrieb. Auch „Kooperation statt Konkurrenz"[21] ist vielstimmig in der Auslegungsverwendung. Dass Felber auf „Die innere Stimmung" setzt und darzulegen versucht, „Wie Spritualität, Freiheit und Gemeinwohl zusammenhängen",[22] findet sich nicht nur in der von mir vertretenden Theorietradition vor (den Kritizismus der durchaus differenzierten Gerhard Weisser-»Schule« vertretend) wie nach (Politische Theologie der Hoffnung auf Freiheit rezipierend) meiner »Kehre«[23] zur Metaphysik. Eine Metaphysik zu vertreten, mag für manche Leser*innen überra-

---

15 Eine größere Synthese wird darstellen: Schulz-Nieswandt F, Köstler, U & Mann K (2021) Kommunale Pflegepolitik. Eine Vision. Kohlhammer, Stuttgart. In einer neueren Abhandlung findet sich auch ein kleines Glossar von Begriffen, die auch hier zentral sind: Altruismus, Empathie, Externalität, Figuration, Habitus, Kohärenz, Moralökonomik, Pareto-Rawls-Kriterien; Resilienz, Reziprozität, Raum, Sittengesetz, Transaktionalismus, Transaktionskosten, Vertrauen, Wohlfahrtsökonomik, Wohlfahrtspluralismus. Vgl. in Schulz-Nieswandt F (2020) Digitalisierung der Selbsthilfe. Sozialrechtliche Fragen und ethische Dimensionen ihrer öffentlich-rechtlichen Förderung. Nomos, Baden-Baden: 67 ff. In der neuen Monographie „Der Mensch als Keimträger" gibt es 8 Anhänge, wo in aller Dichte relevante Theoriezusammenhänge, die auch vorliegend von grundlegender Bedeutung sind, abgehandelt werden: Morphologie, Personalismus, Strukturation und Präferenzformation, Wohlfahrtsökonomik, Kosteneffektivität, Gemeingüter, Moralökonomik, Habitushermeneutik. Im „Der Mensch als Keimträger" werden im Text selbst wichtige Zusammenhänge vertieft und u. a. mit 13 Schaubildern verdeutlicht. Vgl. in Schulz-Nieswandt F (2020) Der Mensch als Keimträger. Hygieneangst und Hospitalisierung des normalen Wohnens im Pflegeheim. transcript, Bielefeld.

16 Felber Chr (2018) Gemeinwohl-Ökonomie. 5. Aufl. Piper, München.

17 U. a. Elsen S & Aluffi Pentini A (Hrsg) (2013) Gesellschaftlicher Aufbruch, reale Utopien und die Arbeit am Sozialen. Bozen University Press, Bozen.

18 Felber Chr (2008) Neue Werte für die Wirtschaft. Eine Alternative zu Kommunismus und Kapitalismus. 4. Aufl. Zsolnay, Wien.

19 Klüber F (1971) Grundriss der katholischen Gesellschaftslehre. Verlag A. Fromm, Osnabrück.

20 Nell-Breuning O v (1990) Baugesetze der Gesellschaft. Solidarität und Subsidiarität. Herder, Freiburg i. Br. u. a.

21 Felber Chr (2009) Kooperation statt Konkurrenz. Zsolnay, Wien.

22 Felber Chr (2015) Die innere Stimme. Wie Spritualität, Freiheit und Gemeinwohl zusammenhängen. Publik-Forum, Oberursel.

23 Schulz-Nieswandt F (2019) Die unvollkommene Paideia. Eine psychomotorische Hermeneutik meiner Odyssee zwischen Schicksal und Freiheit. Königshausen & Neumann, Würzburg.

schend sein. Doch muss man sich klar werden darüber, dass die Grundrechtskonventionen der UN das moderne Naturrecht der Würde der Person vertritt, das auch die Staatslehre der bundesdeutschen Verfassung im Art. 1 GG[24] prägt. Da es sich hierbei um einen Artikel mit Ewigkeitscharakter handelt, dürfte die theologisch anmutende Konnotation evident werden. Hans Joas, auf den ich noch verweisen werde, spricht von der »Sakralität der Person«. Ich werde deutlich betonen: Der säkularisierte[25] soziale Rechtsstaat des GG im Verfassungsvertragsverbund mit der EU und im Rahmen der doppelten Mitgliedschaft im UN-Grundrechtsdenken (als Nationalstaat und als Mitgliedstaat der EU) basiert auf der heiligen Ordnung der personalen Würde des Menschen. Das Grundrecht auf freie Entfaltung der Persönlichkeit in Art. 2 GG, prägend im § 1 SGB I, ist als Sittengesetz von Kant an den kategorischen Imperativ des Art. 1 GG gebunden. Von hier her ist dann die Sozialstaatsbindung in Art. 20 GG und auch die Idee der öffentlichen (vor allem auch der, durch das PrävG im SGB V aufgewerteten kommunalen) Daseinsvorsorge in Art. 28 GG zu verstehen. Während sich die explizite Betonung der sozialen Gerechtigkeit in § 1 SGB I auf die sozialen Schutzsysteme der Sozialversicherungssysteme, aber auch auf die Grundsicherung in SGB II sowie die anderen Sozialhilfebereiche des SGB XII, nun im Lichte des BTHG mit dem SGB XI neu geordnet, bezieht, verweist der Schnittbereich der Sozialschutzsysteme mit den Felder personenbezogener sozialer Dienstleistungen zwingend auf die innere Verbindung zur Idee der Daseinsvorsorge,[26] die auf die Gewährleistung der Sicherstellung von Infrastrukturen im Raum (vgl. auch i.V. m. der »Gleichwertigkeit der Lebensverhältnisse im Raum« in Art. 72 GG)[27] unter den universaldienstrechtlichen[28] Aspekten der Verfügbarkeit, Erreichbarkeit, Zugänglichkeit, und der Akzeptabilität (auch Zuverlässigkeit im Spiegel von Vertrauenserwartungen)[29] im Lichte der Qualitätserfahrung abstellt. Damit ist die noch zu diskutierende Sozialraumorientierung in allen Feldern der Sozialpolitik[30] und in unmittelbar lebenslagenrelevanten Teilbereichen der Wirtschaftspolitik (Arbeitsmarkt-, Bildungs-, Wohnungs-, Regionalpolitik etc.), auch im Lichte von Querschnittsthemen wie demographischer Wandel und digitale Transformation, keine normativ beliebige und disponible Fachpolitik, sondern verfassungsgebunden. Dieser in den Rechtsregimen objektivierte »Geist der Gesetze« ist zugleich gebunden an dem Capability Approach, der, in der Empowerment-Tradition stehend, die Befähigung[31] der Menschen im Lebenszyklus durch Kompetenzförderung und durch Gestaltung der Umwelten als Möglichkeitsräume anvisiert. Dieser Approach ist transaktionalistisch zu verstehen, da er die Wechselwirkung von Mensch und Umwelt zum Ausgangspunkt der Gesellschaftsgestaltungspolitik nimmt.

---

24 Vgl. u. a. auch Enders Chr (2020) Die Menschenwürde in der Verfassungsordnung. Zur Dogmatik des Art. 1 GG. Mohr Siebeck, Tübingen.

25 Bornemann E (2020) Die religiös-weltanschauliche Neutralität des Staates. Mohr Siebeck, Tübingen.

26 In vielfach problematisierter Weise auf Ernst Forsthoff zurückgehend: Scheidemann D (1991) Der Begriff Daseinsvorsorge. Hansen-Schmidt, Göttingen. Ferner Meinel F (2011) Der Jurist in der industriellen Gesellschaft. Ernst Forsthoff und seine Zeit. De Gruyter, Berlin.

27 Stielike J M (2018) Sozialstaatliche Verpflichtungen und raumordnerische Möglichkeiten zur Sicherung der Daseinsvorsorge. Nomos, Baden-Baden.

28 Aubin B (2013) Daseinsvorsorge und Universaldienst. Mohr Siebeck, Tübingen.

29 Willenberg U (2019) Daseinsvorsorge und politisches Vertrauen. Kommunal- und Schul-Verlag, Wiesbaden.

30 Obinger H & Schmid M G (Hrsg) (2019) Handbuch Sozialpolitik. Springer VS, Wiesbaden.

31 Heinrichs J H (2006) Grundbefähigungen. Zum Verhältnis von Ethik und Ökonomie. mentis, Paderborn. Ferner Winkler K (2016) Semantiken der Befähigung. Nomos, Baden-Baden.

Ich entfalte nachfolgend in ausgeprägter Dichte – eher schlaglichtartig – im Modus eines streitbaren Essays Sichtweisen, die ich auf das schwierige Themenfeld »Gemeinwirtschaft und Gemeinwohl« habe. Damit werden – natürlich ohne den wahnhaften Anspruch auf Vollständigkeit und ohne Anspruch auf Wahrheitsspiele der dogmatischen Problemauslegungsordnungen – mögliche Perspektiven eröffnet, die in der Z'GuG in Zukunft kontrovers diskutiert werden können. »Können« meint, und dieser Abschnitt ist auf einer Metaebene mit Blick auf den Sinn und den Zweck der Abhandlung sehr wichtig: Das Diskursfeld ist weit und offen. Ich trage Konturen, Dimensionen, Aspekte, Fragestellungen, Thesen, Sichtweisen eines komplexen Feldes vor, die meine persönliche Signatur, mit allen Vor- und Nachteilen, Stärken und Schwächen, tragen. Damit sind aber kein Katalog und kein Curriculum abzuarbeitender Aufgaben einzuwerbender Autor*innen gemeint. Sicherlich wird man vieles sogar ganz anders sehen können oder auch (nur?) anders akzentuieren, differenzieren, problematisieren.

Hier ist demnach nichts vollständig aufgezählt, geschweige denn vollumfänglich und abschließend abgehandelt. Die richtigen Fragen, das ist die fundamentale Eröffnungspraktik relevanter Wissenschaft, müssen gestellt werden, gefolgt von der diskursiven Suche nach möglichen Antworten, manchmal sogar Lösungswegen.

Diese Betonung der mich zurücknehmenden Haltung ist wichtig, denn der Duktus des vorliegenden Textes wirkt anders: Monologisch, mitunter apodiktisch, sprachlich ebenso mitunter nahe an der Hermetik, hier eine Funktion der Dichte und der theoretischen und terminologischen Komplexität der Interdiszplinarität, die in thematischer Hinsicht Probleme auf der Makro-, Meso- und Mikroebene sozialer Wirklichkeit bespielt. Der Text sollte also in diesem Spannungsfeld zwischen meiner Positionierung als Diskurseröffnungsbeitrag einerseits und der authentisch und wahrhaftig gemeinten Offenheit der Z'GuG als Feld der Problematisierung andererseits zu verstehen sein. Entgegen stark vereinfachter Vorstellungen von der Werturteilsfreiheit der Wissenschaften[32] ist diese meine Position eine Werte-orientierte Wissenschaft, die aber nichts kryptisch hält und versteckt, sondern die transzendentalen (also Erkenntnis überhaupt erst ermöglichenden) Werte von hoher Kulturbedeutung, von denen Max Weber in der Tradition der neu-kantianischen Wissenschaftslehre sprach, explizit macht. Das Zugeständnis des »Kritischen Rationalismus«, Werte würden im Entdeckungszusammenhang der Forschung und im Verwertungszusammenhang der Forschung eine Rolle spielen, reicht nicht hin, da heute (wissenssoziologisch)[33] zunehmend diskutiert wird, wie Werte,[34] Weltbilder[35] und Denkstile[36] auch die Theoriebildung und die Forschungspraxis prägen. Aber auch der neu-kantianische Kritizismus der Weisser-Schule reicht nicht hin, weil die Idee der normativen Sozialwissenschaft[37] hier nur auf hypothetisch eingebrachten oder als subjektiv (wahrhaftig) geglaubten Werte – ähnlich wie bei Gunnar Myrdal – aufbauen werden kann. Theo Thiemeyer sah aber auch die Grenzen der Möglichkeit, von einem »realistischen« Standpunkt (z. B. der Definition öffentli-

32 Schluchter W (1971) Wertfreiheit und Verantwortungsethik, Mohr Siebeck, Tübingen.

33 Vgl. ferner Rheinberger H J (2013) Historische Epistemologie zur Einführung. 3. Aufl. Junius, Hamburg.

34 Gould St J (1988) Der falsch vermessene Mensch. 6. Aufl. Suhrkamp, Frankfurt am Main.

35 Knorr Cetina K (1991) Die Fakrikation von Erkenntnis. 4. Aufl. Suhrkamp, Frankfurt am Main.

36 Fleck L (1980) Entstehung und Entwicklung einer wissenschaftlichen Tatsache. 12. Aufl. Suhrkamp, Frankfurt am Main.

37 Petrak P (1999) Ethik und Sozialwissenschaft. Transfer Verlag, Regensburg.

cher Aufgaben) auszugehen, wonach es die eben nach vorherrschenden politischen Verhältnissen definierten Konstrukte des »gesellschaftlich Gewollten«[38] sind.

Ich hoffe, die politische Selbstverständlichkeit ist gegeben, dass ein ethischer (freiheitlicher) Sozialismus[39] zum legitimen Spektrum der Gestaltungsideen der modernen Gesellschaft liberaler Demokratien gehört. Diese Ideenwelt, wie intellektuell zwingend ich sie auch halten mag, muss man ja nicht teilen. Gleichwohl ist das Thema zu ernst, um schulterzuckend den Kommentar abzugeben: selber schuld, Dummheit schützt vor Strafe nicht. Werte-orientierte Wissenschaft in ist pluralistischen Gesellschaften eben eine Sisyphosarbeit, von der Albert Camus ja einst sagte, man müsse sich Sisyphos als glücklichen Menschen vorstellen. Wenn die Welt mitunter absurd ist, warum auch nicht die Wissenschaft, die ja eingestrickter Teil des geschichtlichen Geschehens ist.

Das wissenschaftliche Niveau soll interdisziplinär natürlich hoch sein, aber eben nicht ohne Engagement in der Erkenntnis der existenziellen – die für unseren Analysen der Faktizität und für unsere Visionen eines besseren Welt so überaus mächtig maßgebliche Ideentradition des Personalismus[40] (schon in seinem »Manifest«)[41] ist existenzphilosophisch[42] orientiert – Bedeutung der Fragen, die sich um die Gemeinwohlorientierung der Daseinsvorsorge drehen und auf die Positionierung gemeinwirtschaftlichen Denkens in der Zukunft unserer Gesellschaft fokussiert sein sollen. Entscheidend ist hier, aus einer personalistischen Haltung heraus weitgehende Schlussfolgerungen für eine kraftvolle Aufstellung der Daseinsvorsorge, der Gemeinwirtschaft und der Sozialpolitik[43] zu deduzieren.[44] Nicht immer resultiert aus einer personalistischen Position[45] heraus dieser weite Blick. Bei Josef Pieper, der in anthropologischer Hinsicht ein beeindruckendes Werk anbietet, werden nur schwache Eckpunkte einer Soziallehre und zudem in der üblichen berufsständischen Orientierung aufgestellt.[46] Auch andere – durchaus bemerkenswerte – Denker (wie Johannes Ude[47] oder Gustav Gundlach)[48] kommen über den Sozialkonservatismus nicht hinaus. Mitunter sind Positionen – wie die des »Personalistischen Sozialismus des Kreisauer Kreises« – gar nicht einfach ein zu sortieren.[49] Oft wird der Personalismus in kritischer Weise dem Individualismus gegenüber gestellt, aber eben auch (wie bei Josef Goldbrun-

---

38 Thiemeyer Th: Einführung, zu: Weisser G (1989) Wirtschaft. Verlag Otto Schwartz, Göttingen: 7-21.

39 Schulz-Nieswandt F (1991) Person und Gemeinschaft als Kategorien einer anthropologischen Grundlegung der Sozialpolitiklehre des freiheitlichen Sozialismus. Sozialer Fortschritt 40 (4): 99-102.

40 Kobusch Th (1997) Die Entdeckung der Person. Metaphysik der Freiheit und modernes Menschenbild. (1993), 2., erweiterte Auflage. Wissenschaftliche Buchgesellschaft, Darmstadt.

41 Mounier E (1936) Das personalistische Manifest. Jean-Christophe, Zürich.

42 Mounier E (1949) Einführung in die Existenzphilosophien. Karl Rauch Verlag, Bad Salzig u. Boppard a. Rh.

43 Schulz-Nieswandt F (2012) Die Sozialpolitik und ihre Wissenschaft im Spiegel der Zeitschrift „Sozialer Fortschritt". Sozialer Fortschritt 61 (5): 99-104.

44 Schulz-Nieswandt F (2009) Paul Tillichs Onto(theo)logie der Daseinsbewältigung und die Fundierung der Wissenschaft von der Sozialpolitik. In Danz Chr, Schüßler W & Sturm E (Hrsg) Religion und Politik. Internationales Jahrbuch für die Tillich-Forschung. Bd. 4. LIT, Berlin: 125-138.

45 Vgl. auch Langemeyer B (1963) Der dialogische Personalismus in der evangelischen und katholischen Theologie der Gegenwart. Verlag Bonifacius-Druckerei, Paderborn.

46 Pieper J (1947) Thesen zur Sozialen Politik. Verlag Josef Knecht, Frankfurt am Main.

47 Karner Chr (2002) Katholizismus und Freiwirtschaft. Lang, Frankfurt am Main.

48 Große Kracht H-J (2019) Gustav Gundlach SJ (1892-1963). Katholischer Solidarismus im Ringen um die Wirtschafts- und Sozialordnung. Schöningh, Paderborn.

49 Schmölders G (1969) Personalistischer Sozialismus. Westdeutscher Verlag, Köln-Opladen.

ner)[50] einer pauschalen Idee des Kollektivismus zugeordnet, wenn man über die Konturen der katholischen Soziallehre hinaus zu gehen wagt.

Das Feld im Rahmen dieser Abhandlung durch eine Gliederung zu strukturieren, war gar nicht trivial. Manches mag einerseits fragmentiert bleiben. In anderer Hinsicht hebe ich innere Zusammenhänge, ohne redundant werden zu wollen, hervor. Die nachfolgenden Skizzen – wirklich mehr eine Bleistiftzeichnung als ein in Form und Farbe gelungenes Gemälde – entwickeln sich in ihrer Sequenz über die verschiedenen Kapitel hinweg aus einer deutlich europarechtlich[51] geprägten verfassungspolitischen Analyse der öffentlichen Daseinsvorsorge im Spiegel der schon längeren Debatte um die Gewährleistungsstaatlichkeit. Dies ist auch der Historie geschuldet, die die ZögU an die Arbeiten des Wissenschaftlichen Beirates der Gesellschaft für Öffentliche Wirtschaft,[52] später des BVÖD bindet, denen ich als Mitglied, viele Jahre auch als Vorsitzender angehörte. Ich darf hier auf die Schriftenreihe des Beirates im NOMOS-Verlag[53] und auch auf manches Beiheft der ZögU[54] verweisen.[55]

Gerade mit Blick auf diesen Beirat, dem mein Lehrer Theo Thiemeyer[56] wohl viel länger noch vorgestanden hätte, wäre er nicht überraschend so früh verstorben, also mit Blick auf diesen Beirat, über lange Zeit glänzend choreographiert von Wolf Leetz als Geschäftsführer der GÖW, verweist mich auf eine ganz grundlegende Achse in der thematischen Problemlandschaft: Der Weg des Denkens hinein in die Betonung der Differenz zwischen einer institutionellen (trägerschaftlichen) Bindung öffentlichen Wirtschaftens einerseits und einer funktionellen, auf die öffentlichen Aufgaben abstellenden Sicht andererseits, eng korreliert mit der Differenz von Gewährleistung und Sicherstellung in der Staatslehre, reflektierte die wettbewerbliche Marktöffnung in diesem volkswirtschaftlich und gesellschaftspolitisch überaus bedeutungsvollen Feld des sozialen Wandels. Innerhalb des Beirates haben die zahlreichen Studien des Historikers Gerold Ambrosius[57] fruchtbar dazu beigetragen, zeitgeschichtliche Wandlungen im Kontext des jeweils »langen« 19. und 20. Jahrhunderts in der Epoche der Moderne einzuordnen und dadurch tiefer verstehbar zu machen. Insofern lag es nahe, unter der gemeinwirtschaftlichen Wahrnehmung öffentlicher Aufgaben nicht nur die öffentlichen Unternehmen in den Blick zu nehmen, sondern auch die freien Träger der Sozialwirtschaft (abstrakter: der NPO-Wirtschaft: der Non for Profit Organisationen) und auch, in der Forschungstradition von Werner Wilhelm

---

50 Goldbrunner J (1989) Kleine Lebenslehre der Person. Pustet, Regensburg.

51 Jensen H (2015) Kommunale Daseinsvorsorge im europäischen Wettbewerb der Rechtsordnungen. Mohr Siebeck, Tübingen.

52 Püttner G unter Mitwirkung von Leetz W (2010) Kurzgefasste Geschichte der Gesellschaft für öffentliche Wirtschaft e.V. und ihres Wissenschaftlichen Beirats. Zeitschrift für öffentliche und gemeinwirtschaftliche Unternehmen 33 (3): 253-288.

53 Vgl. z. B. Bräunig D & Gottschalck W (Hrsg) (2012) Stadtwerke. Grundlagen, Rahmenbedingungen, Führung und Betrieb. Nomos, Baden-Baden; Schaefer, Ch & Theuvsen L (Hrsg) (2012) Renaissance öffentlicher Wirtschaft. Nomos, Baden-Baden.

54 Vgl. z. B. Schaefer, Ch & Theuvsen L (Hrsg) (2008) Public Corporate Governance: Bestandsaufnahme und Perspektiven. Nomos, Baden-Baden.

55 Vgl. auch Mühlenkamp H, Krajewski M, Schulz-Nieswandt F & Theuvsen L (Hrsg) (2019) Handbuch Öffentliche Wirtschaft. Nomos, Baden-Baden.

56 Neumann L F & Schulz-Nieswandt F (Hrsg) (1995) Sozialpolitik und öffentliche Wirtschaft. In memoriam Theo Thiemeyer. Duncker & Humblot, Berlin.

57 Vgl. u. a. Ambrosius G (1990) Staat und Wirtschaft im 20. Jahrhundert. De Gruyter Oldenbourg, Berlin.

Engelhardt[58] stehend, bestimmte Typen des genossenschaftlichen sowie des genossenschaftsartigen Handelns in die Betrachtung aufzunehmen. Das entsprach der angemessenen Auslegung des ausgeschriebenen Namens der ZögU. Sicherlich trug diese Sicht die Signatur der Kölner Schule[59] der Gemeinwirtschaftslehre und Genossenschaftslehre[60] im Schnittbereich auch zu sozialpolitischen Fragen und auch in der Betonung der sozialen Infrastruktur über die klassischen »public utilities« der öffentlichen Daseinsvorsorge hinaus.[61] Dies merkt – spürt – man auch, wenn der weitere Gang des vorliegenden Essays entlang der Kapitel in die Diskursbereiche der Kommunalisierung im Spiegel der Sozialraumorientierung (Bildung von lokalen Caring Communities in den regionalen Versorgungslandschaften) eindringt und z. B. Fragen der Wohnformenentwicklung[62] und der (nicht nur pflegerischen) Care-Debatten[63] aufgreift. Insofern soll die Z'GuG genau diese, bereits in der ZögU thematisch und analytisch transportierte, morphologisch fassbare Vielfalt des gemeinwirtschaftlichen Handelns mit einer gewissen Kontinuität fortsetzen und dennoch andere, weitere Akzente ermöglichen.

Diese anderen Akzente betreffen eine erwünschte Steigerung der Inter- und Multidisziplinarität, aber auch die Offenheit gegenüber grundlagentheoretischen Fragen, die zu radikal anderen Zugangspfaden zur sozialen Wirklichkeit eröffnen und sodann Antworten auf die Fragen der Megathemen des sozialen Wandels geben können.

Im Mainstream der Gemeinwirtschaftslehre, sofern die diesbezügliche Lehre und Forschung im Bereich der öffentlichen Wirtschaft und vor allem auch der Sozialwirtschaft diese Bezeichnung überhaupt (noch) verdient, spielen z. B. post-strukturalistische Perspektiven auf Grund von »schlichter Nicht-zur-Kenntnisnahme« keine Rolle. Ökonomik hat mit moderner Kulturwissenschaft oder mit einer auch psychoanalytisch fundierten kritischen Theorie des Kapitalismus kaum etwas zu tun. Der größte Teil der Ökonomiezunft dürfte überhaupt, und wenn, dann wohl nicht auf einem angemessen hohen Niveau[64] und durchaus in der Freiheit, undogmatisch zu lesen,[65] Kenntnisse vom Denken von Karl Marx haben. Daran sind Forschung und Lehre in Fächern sozialer Arbeit im weitesten Sinne nicht ganz schuldlos, wird dort oftmals eine Kritik der Ökonomisierung habitualisiert vorgetragen, die ontologisch angesichts der Sorgestruktur[66] menschlichen Daseins unangebracht ist und nicht hinreichend Differenzierungen in der geschichtlichen und gesellschaftlichen Formbestimmtheit vornimmt. So wird weder hinreichend

58 Schulz-Nieswandt F (2013) Vorbemerkungen: Ansatzpunkte zum Verständnis des wissenschaftlichen Schaffens von W. W. Engelhardt. In: Engelhardt, Werner Wilhelm: Beiträge zur Ordnungstheorie und Ordnungspolitik zwischen Markt und Staat. Von J. H. von Thünens Arbeiten her analysiert. Duncker & Humblot, Berlin: 9-16.

59 Schulz-Nieswandt F (2017) Kölner Genossenschaftsforschung. Zur Geschichte und Aktualität eines Programms. In Schulz-Nieswandt F & Schmale I (Hrsg.) Genossenschaftswissenschaft an der Universität zu Köln: Die ersten 90 Jahre! Berlin: LIT, Berlin: 21-50.

60 Schulz-Nieswandt F (2011) Gesundheitsselbsthilfegruppen und ihre Selbsthilfeorganisationen in Deutschland. Der Stand der Forschung im Lichte der Kölner Wissenschaft von der Sozialpolitik und des Genossenschaftswesens. Nomos, Baden-Baden.

61 Allgemeinen zum Genossenschaftswesen: Blome-Drees J u.a. (Hrsg) (2021) Handbuch Genossenschaften. Springer VS, Berlin (i. V.).

62 Schulz-Nieswandt F (2020) Der Mensch als Keimträger. Hygieneangst und Hospitalisierung des normalen Wohnens im Pflegeheim. transcript, Bielefeld.

63 Winker G (2015) Care Revolution. Schritte in eine solidarische Gesellschaft. transcript, Bielefeld.

64 Derrida J (2003) Marx' Gespenster. 6. Aufl. Suhrkamp, Frankfurt am Main.

65 Fetscher I (1952) Die Bedeutung Max Stirners für die Entwicklung des Historischen Materialismus. Zeitschrift für philosophische Forschung 6 (3): 425–426.

66 Ruffing R (2011) Der Sinn der Sorge. Alber, Freiburg i. Br.-München.

zwischen Ökonomik und Ökonomismus noch zwischen Ökonomisierung und Kommerzialisierung im Sinne des kapitalistischen Geistes der Marktfetischismus differenziert. Im Mainstream der Sozialwirtschaftslehre,[67] die ja kaum auf der universitären Ebene, sondern eher in der Sozialmanagementausbildung in Hochschulen der angewandten Wissenschaften betrieben wird, wird kaum noch eine S-BWL (S-BWL steht, wie sie z. B. von Peter Eichhorn verkörpert worden ist, für Sonder-Betriebswirtschaftslehre)[68] vertreten, die noch von wichtigen Strömungen im Wissenschaftlichen Beirat der Gesellschaft für Öffentliche Wirtschaft verkörpert wurde: als seien die Teilgebiete der Allgemeinen Betriebswirtschaftslehre tatsächlich völlig homolog zu betreiben in einer Privatwirtschaftslehre einerseits und in der Gemeinwirtschaftslehre andererseits. Das halte ich für morphologisch falsch.[69]

Mit dem Thema der »Commons«[70] wird ein außerordentlich bedeutsames Thema der letzten Jahre aufgegriffen. Die bisherigen Perspektiven der Mainstream-Ökonomie auf die angebliche Tragödie[71] der Allmende infolge der Krypto-Normativität der epistemologischen Blickverengung im Wirklichkeitszugang zeigen, dass die bisherige Behandlung öffentlicher Güter der Gemeinwirtschaftslehre eher vom Modus einer tiefen Abneigung signiert ist. Diese Blickverengung muss aufgebrochen werden. Ältere Ansätze der Meritorik (also der Lehre von den meritorischen Gütern) haben durchaus die Problematik mit Blick auf den eigentlich politischen Charakter öffentlicher relevanter Güter erkannt, waren aber zu paternalistisch, also nicht hinreichend (das würde ich auch für meine eigene Habilitationsschrift – heute – sagen) theoretisch fundiert. Hier bestehen aufgrund der Fortschritte der philosophischen Diskurse in der politischen Philosophie, der Sozialphilosophie, der Rechtsphilosophie, auch im nur schwer noch überschaubaren kulturwissenschaftlichen Querdenken der letzten 20 Jahre neue Wege, die Gemeingüter-Problematik ganz anders voranzutreiben, indem sie z. B. gekoppelt wird an Pfade der genossenschaftsartigen Demokratisierung des Wirtschaftens, des Arbeitens, des Wohnens, des Konsumierens. Daher überraschen einige Akzentsetzungen im weiteren Gang der vorliegenden Abhandlung nicht. Öffentliche Güter sind nicht als objektive Guteigenschaften im technischen Sinne Ausnahmetatbestände im Sinne der Unmöglichkeit der Vermarktung: Alles kann vermarket werden. Das ist ja der Wahntatbestand des Kapitalismus als fundamentalistische Religion. Öffentliche Aufgaben resultieren aus gesellschaftspolitischen Erwägungen im Spiegel des »politisch Gewollten« im Lichte von sozial konstruierten Verständnissen über das »gute Leben«. Damit sind öffentliche Güter jedoch dennoch nicht politische Güter nach Maßgabe eines Realismus im Sinne der Frage, welche Machtverhältnisse gerade dominieren: Das „gute Leben"

67 Schulz-Nieswandt F (2018) Märkte der Sozialwirtschaft. In Grunwald K & Langer A (Hrsg) Handbuch der Sozialwirtschaft. Nomos, Baden-Baden: 739-755. Dazu auch meine Besprechung in: Zeitschrift für öffentliche und gemeinwirtschaftliche Unternehmen 43 (1+2): 261-263.

68 Schulz-Nieswandt F (2007) Zur Relevanz des betriebsmorphologischen Denkens. Versuch einer sozialontologischen und anthropologischen Grundlegung. In Bräunig D & Greiling D (Hrsg) Stand und Perspektiven der Öffentlichen Betriebswirtschaftslehre II. FS für Prof. Dr. Dr. h. c. mult. Peter Eichhorn anlässlich seiner Emeritierung. BWV, Berlin: 58-67.

69 Vgl. ferner Kreiß Chr & Siebenbrock H (2019) Blenden – Wuchern – lamentieren. Wie die Betriebswirtschaftslehre zur Verrohung der Gesellschaft beiträgt. Europa Verlag, Haan-Gruiten.

70 Helfrich S & Bollier D (2019) Frei, fair und lebendig – Die Macht der Commons, transcript, Bielefeld.

71 Begrifflich im Kern verfehlt: Schadewaldt W (1992) Die griechische Tragödie. Tübinger Vorlesungen Band 4. 2. Aufl. Suhrkamp, Frankfurt am Main.

skaliert[72] sich an der Verwirklichung normativ-rechtlicher Vorgaben: Gemeint ist die Verwirklichung der Personalität als inklusive Umsetzung der Gestaltwahrheit der Würde in ihren Dimensionen der Chancengleichheit zu einem selbstständigen Leben in selbstbestimmter Teilhabe am Gemeinwesen.[73]
Die großen Fragen der Ökonomie sind also Fragen der politischen Philosophie. Zum Ende hin hebe ich somit die Frage des Gemeinwohls[74] auf die Ebene einer Metaphysik von Gabe und Liebe. Leicht verunsichert mag ein Teil der Leserschaft schmunzeln, zumindest die berühmten Augenbrauen anheben. Doch die Fragen des Gemeinwohls knüpfen sich eben nicht an die Idee der Gemeinwirtschaft ohne eine Tiefe im Verständnis von Mensch und Welt, eine Tiefenebene des Denkens, das an die Oberfläche gezogen und somit ins – eben: lichtende – Licht gerückt werden muss. Gute Metaphysik war immer schon Lichtmetaphysik, nicht die der gotischen Kathedrale, aber die, die auf den aufrechten Gang des Menschen[75] pocht.

1. Gemeinwohl und Humanität

Mein Humanismus[76] ist nicht naiv und romantisch, vor allem, trotz meiner »Griechenlandsehnsucht«, keine einfache Huldigung der maskulinen Aristokratie des altgriechischen heroischen Adels. Und mir geht es auch nicht um die akademische Schönheit musealer Skulpturen (die dennoch in meiner Bibliothek stehen).

1.1 Humanität

Humanismus – und die Idee der Humanität[77] – ist nicht nur geschichtlich (diachron betrachtet), auch in neuerer Zeit (synchron betrachtet) eine vielgestaltige Problematik. Das kann und soll hier gar nicht abgehandelt werden. Ich nehme in vielen Publikationen oftmals – positiv wie problematisierend – Bezug auf Heidegger, Nietzsche, Foucault, Sartre, Plessner u.v.a., aber deren unterschiedlichen Interpretationsschemata[78] der Ordnungen der Auslegung von Humanismus liegen quer zu meinem Anliegen, das hier mein Erkenntnisinteresse prägt. Ich spreche vorliegend eine geistige Landschaft höchst verwickelter Argumentationen und Gegenargumentationen an. Für meine Zwecke muss ich eine Positionierung in diesem Diskursfeld auch gar nicht

72 Schulz-Nieswandt F (2018) Zur Metaphysikbedürftigkeit empirischer Alter(n)ssozialforschung. Nomos, Baden-Baden.
73 Schulz-Nieswandt F (2017) Personalität, Wahrheit, Daseinsvorsorge. Spuren eigentlicher Wirklichkeit des Seins. Königshausen & Neumann, Würzburg. Ähnlich: Schulz-Nieswandt F (2017) Kommunale Daseinsvorsorge und sozialraumorientiertes Altern. Zur theoretischen Ordnung empirischer Befunde. Nomos, Baden-Baden.
74 Schmitt-Egger P (2015) Gemeinwohl. Nomos, Baden-Baden.
75 Normativ: Dannemann R, Pickford H W & Schiller H-E (Hrsg) (2018) Der aufrechte Gang im windschiefen Kapitalismus. Modelle kritischen Denkens. Springer VS, Wiesbaden; eher (aber nicht nur) explikativ: Bayertz K (2014) Der aufrechte Gang. Eine Geschichte des anthropologischen Denkens. Beck, München.
76 Fromm E (2005) Humanismus als reale Utopie. Der Glaube an den Menschen. 4. Aufl. Ullstein, Berlin.
77 Gerhardt V (2019) Humanität. Über den Geist der Menschheit. 2. Aufl. Beck, München.
78 Lenk H (1995) Interpretation und Realität. Suhrkamp, Frankfurt am Main.

vornehmen. Ich werde einige eigene Gedanken entfalten, die zu meiner Sicht des Feldes „Gemeinwirtschaft und Gemeinwohl“ hilfreich passend sind.
Michel Foucault's Tod des Subjekts habe ich immer nur in einem epistemologischen Sinne mit Blick auf die Methodologie post-strukturaler Theorie rezipiert, da es um die De-Zentrierung des methodologischen Individualismus geht. Ich vertrete in normativer Hinsicht keinen Neo-Historismus postmoderner Unverbindlichkeit der Beliebigkeit. Natürlich korreliert dem meine Kritik des normativen Individualismus. Daher meine Drehung der (kunstvoll auch im Spiegel sozialkonservativer Kulturkritik der Moderne formulierte) Frage,[79] ob wir überhaupt noch Menschen sind,[80] hinein in die nicht identische dynamische Frage Kritischer Theorie, wie wir das »Noch-nicht-sein« der Menschlichkeit zur sozialen Wirklichkeit führen können.
Einige nur kurze Anmerkungen zu diesem weiten Feld: Die Position von Plessner neigt einem kaum haltbaren historistischen Relativismus zu; auch in der Kulturanthropologie[81] (bei Hans Boas etwa) kennen wir diese zunächst ja durchaus sympathische liberale kosmopolitische[82] Toleranzhaltung, dennoch ist diese »Haltung unhaltbar«. Sartre – nach dem Tod ist der Mensch unendlich verletzbar – läuft Gefahr, leicht im Resonanzraum einer postmodernen neoliberalen Ich-AG-Ideologie rezipiert zu werden, wenn aus seinem existenzialistischen Theorem der Vorgängigkeit des Aktes vor dem Sein die Rede vom Selbstentwurf des Menschen seine Philosophie zur Soziologie der Biographiebastelei und der Selbstsozialisation verkümmert. Hermeneutisch ist hier eher der Position des »geworfenen Entwurfs« von Heidegger[83] zielführend.
Die Abgründigkeit[84] des Menschen als *homo abysssus* ist bei mir auch dann präsent, wenn ich das zivilisatorische Entwicklungspotential des *homo donans* betone.[85] Auch geht es mir nicht um die differenzierte Literaturlandschaft zum Humanitarismus und der humanitären Hilfen. Um all dies geht es hier gar nicht.

1.2 Abgründigkeit

Ich halte schlicht an der Würde als Zentrum des Verständnisses von Menschlichkeit fest. Ich stehe also auf dem Boden des modernen individualisierten Völkerrechts, das die naturrechtlichen Grundlagen des sozialen Rechtsstaates betont. Ich mag auch der Argumentation folgen, der binäre Code

»gut/böse«

(der uns doch nur in die Herrschaftssehnsüchte der Kirche und ihrer forensischen Theologie der Sünde treiben würde) solle transformiert werden, denn es ginge um die Spanne

{gut [...] schlecht}.

79 Vgl. dazu auch Heyen E V (2013) Verwaltete Welten – Mensch, Gemeinwesen und Amt in der europäischen Malerei. De Gruyter, Berlin.
80 Vgl. etwa Bodamer J (1966) Sind wir überhaupt noch Menschen? Herder, Freiburg i. Br. u. a.
81 Petermann W (2004) Die Geschichte der Ethnologie. Hammer, Wuppertal.
82 Nussbaum M (2020) Kosmopolitismus. Revision eines Ideals. wbg Theiss in WBG, Darmstadt.
83 Heidegger M (2001) Sein und Zeit. 18. Aufl. Niemeyer, Tübingen.
84 Jeffries St (2019) Grand Hotel Abgrund. Die Frankfurter Schule und ihre Zeit. 3. Aufl. Klett-Cotta, Stuttgart.
85 Dazu auch Sahlins M (2017) Das Menschenbild des Westens – Ein Missverständnis? Matthes & Seitz, Berlin.

Es gibt edle (begrifflich nicht gemeint: adlige) Menschen, und es gibt einfache Menschen. Die Einfachheit der Leute bedeutet nicht das Böse.[86] Und sie ist, soziolinguistisch betrachtet, nicht im Sinne der Ideologie und sozialen Praktiken der »feinen Unterschiede« (der Soziologie als kritische Ethnologie der modernen Klassengesellschaft bei Pierre Bourdieu)[87] gemeint. Dennoch – deswegen sprach ich bereits von der Abgründigkeit – kann die Einfachheit ins Böse umkippen. Ebenso kann aber auch der edle Charakter mancher Menschen zur »Herrenmoral« ins Böse pervertieren:

Formen des Bösen ← edle Menschen [...] einfache Menschen → Formen des Bösen.

Eigentlich ist mit der Idee der Gottähnlichkeit des Menschen bereits die richtige Balance gefunden. Denn einerseits ist damit die Hybris der Herrenmenschen ebenso ausgeschlossen wie das Umkippen der Demut, die Teil des edlen Charakters ist, in die Knechtung des gedemütigten Menschen, der seiner Würde beraubt wird. Humanität kritisiert diesen »Umkipp-Effekt nach unten« im Lichte der Humanität der Würde der »Sakralität der Personalität des Menschen«,[88] ohne den Menschen im Zuge eines »Umkipp-Effekts nach oben« zum charakterneurotisch verstiegenen prometheischen[89] Herren des Seins zu erheben:

»Umkippeffekt da oben«

↑

[... die goldene Mitte der Gottähnlichkeit des personalen Menschen ...]

↓

»Umkippeffet da unten«.

Den Effekt »da oben« nennen wir Hybris, den Effekt »da unten« sind die Gefahren des Kleinbürgertums, die Adorno als Genese der autoritären Persönlichkeit[90] rekonstruiert hat, der wir aber eben nicht mit dem Haltung und den apotropäischen Praktiken des Ekels[91] der »konservativen Revolution«[92] begegnen sollten. Die Hybris kann zu einer faschistoiden Herrenmoral führen, die sich dann passungsoptimal verknüpft mit der Sklavenmoral.

Wir können, das wäre nochmals eine endgültig absurde Steigerung der Idee der Sisyphosarbeit, die Welt der sozialen Wirklichkeit nicht an der absoluten Idee Gottes skalieren, wohl aber an der Würde des gottähnlichen Menschen, also (im Sinne einer Capability-Politik) sozialinvestiv sowohl edukativ (auf das Verhalten bezogen) wie auch strukturell (auf die Verhältnisse bezogen) darauf abzielen, den – der Idee der *Paideia* folgend – einfachen Menschen zu veredeln. Die Erziehung[93] zur (in der Kultur der Sittlichkeit geordneten) Freiheit, die die Kunst der

86 Fromm E (2016) Die Seele des Menschen. Ihre Fähigkeit zum Guten und zum Bösen. dtv, München.

87 Bourdieu P (1987) Die feinen Unterschiede. 27. Aufl. Suhrkamp, Frankfurt am Main.

88 Joas H (2011) Die Sakralität der Person. Eine neue Genealogie der Menschenrechte. 3. Aufl. Suhrkamp, Frankfurt am Main.

89 Peters G (2016) Prometheus. Modelle eines Mythos in der europäischen Literatur. Velbrück, Weilerswist.

90 Adorno Th W (1995) Studien zum autoritären Charakter. 12. Aufl. Suhrkamp, Frankfurt am Main.

91 Schulz-Nieswandt F (2020) Der Mensch als Keimträger. Hygieneangst und Hospitalisierung des normalen Wohnens im Pflegeheim. transcript, Bielefeld.

92 Schulz-Nieswandt F (2017) Erhart Kästner (1904–1974). Griechenlandsehnsucht und Zivilisationskritik der „konservativen Revolution". transcript, Bielefeld.

93 d'Arcais G F (2017) Die Erziehung der Person. Schöningh, Paderborn. Vgl. ferner Langer D (2011) Bildung als Personwerdung. Zur Pädagogik dee kritischen Personalismus. Lang, Frankfurt am Main.

Selbstsorge des zur Selbstverwirklichung strebenden Menschen einbettet in die Politik der diesbezüglichen Befähigung, thematisiert die gesellschaftlich vermittelte Chancenstruktur mit Blick auf das Telos der Personalisierung des Menschen in der Weltgeschichte.

1.3 Das Gemeinwohl

Das Gemeinwohl – metaphysisch in der Würde des Menschen seinen unverrückbaren Anker findend[94] – ist im Lichte eines *uno actu*-Prinzips sodann das gemeine (als gemeinsames) Wohl, also das Ziel, alle Menschen an diesem teleologischen Prozess teilhaben zu lassen. Alle Menschen universalistisch in diese Gemeinwohlbildung des *uno actu*-Prinzips zu inkludieren, kann keinem Summationsprinzip folgen, denn die gemeinsame Erfahrung des Gemeinwohls basiert auf der »Faltung zum Miteinander«, die eine »Miteinanderverantwortung« sowohl zur Voraussetzung als Wille als auch zur Resultante als Lebensform hat. Diese Idee des Miteinanders als ein gelingendes soziales Dasein muss gemeinsam geteilt werden. Wie kann es dazu kommen? Die Antwort muss zunächst lauten: jedenfalls nicht als einfach gestrickte Ökonomik der Interessen eigentumsrechtlich codierter Privatpersonen. Daher muss auch die Dr. Jekyll und Mr. Hyde-Schizophrenie als Spiegel des schismogenetischen[95] Dualismus von Bourgeois und Citoyen[96] gesprengt werden. Sowohl kulturkritischer Sozialkonservatismus z. B. bei Gabriel Marcel[97] (z. B., weil auch andere gewichtige sozialkonservative Denkansätze zu nennen wären) wie auch eine Kritische Theorie in der Psychologie von Erich Fromm[98] betonen die Grenzen des Haben-Wollens als Ökonomik der Begierde, die sich in den konsumtiven Objektbesetzungen des Bourgeois der bürgerlichen Marktgesellschaft ausdrückt.

1.4 Verteilung, Umverteilung, Anerkennung

Das gemeine Wohl bindet sich an ein Gemeinsames als Miteinander. Dieses Miteinander kann nicht hinreichend verstanden werden, wenn man diese als identisch mit den »Win-Win«-Ergebnissituationen Rawlsianischer Teilmengen aller Pareto-Lösungen in der ökonomischen Wohlfahrtstheorie ansieht. Es bleibt hier nämlich beim wohlfahrtsökonomischen Formalismus, der sich vor dem Thema der Macht- und Wahrheitsspiele der Präferenzformationen der offenen Nutzenfunktionen ebenso verschließt wie um die damit durchaus zusammenhängenden Fragen der Umverteilung, die normativ komplizierter sind als die Zuteilung des Wachstums des BIP. Einen wachsenden Kuchen zu verteilen fällt bekanntlich leichter als einen gegebenen Kuchen bei dynamischen Bedürfnissen aufzuteilen. Auch hat der breite Diskurs über »Umverteilung

94 Messner J (1962) Das Gemeinwohl. Idee – Wirklichkeit – Aufgabe. Verlag A. Fromm, Osnabrück: 62.
95 Rammstedt O (2007) Schismogenesis. In Fuchs-Heinritz F u. a., Lexikon zur Soziologie, 4. Aufl., VS, Wiesbaden.
96 Sternberger D (1970) »Ich wünschte ein Bürger zu sein. Neun Versuche über den Staat. 2. Aufl. Suhrkamp, Frankfurt am Main.
97 Berning V (1973) Das Wagnis der Treue. Gabriel Marcels Weg zu einer konkreten Philosophie des Schöpferischen. Freiburg i. Br., Alber.
98 Fromm E (2005) Haben oder Sein. Die seelischen Grundlagen einer neuen Gesellschaft. dtv, München.

(im Spiegel von Ungleichheit) oder Anerkennung (im Spiegel von Differenzierung und Vielfalt) « (Nancy Fraser versus Axel Honneth,[99] dann auch Rahel Jaeggi in die Kapitalismus-Debatte einbeziehend)[100] gezeigt, dass diese Dichotomie exemplarisch ist für den Klassiker der sog. falsch gestellten Frage. Richtig ist: Jede Ungleichheit ist Differenzierung, aber nicht jede Differenzierung ist eine problematische Ungleichheit.[101] Natürlich ist auch Ungleichheit eine soziale Konstruktion. Aber das ist eine Klärung, kein Argument gegen die Problematisierung sozialer Ungleichheit. Scheingefechte braucht man nicht, die anstehenden Probleme reichen und erwarten als Anfrage an die Göttin der Gerechtigkeit eine Antwort. Es macht nicht wirklich Sinn, unser Sozialhilfeniveau angesichts des Hungers in der Welt zu den Akten (der Sozialverwaltung) zu legen. Die Erfrorenen im Winter in Paris sind dabei eine (wenngleich numerisch kleine) Schnittmenge. Kommissar Maigret kannte alle Clochards noch persönlich; heute sind sie nicht mehr überschaubar. Und sie sind nicht mehr romantisch unter den (verpissten) Brücken der Seine. Es sind auch nicht mehr nur Männer, auch Frauen, mit Kindern, und die zynischen Witze über die Hunde als lebendige Konservendosen für die besonders harten Zeiten sparen wir uns.

Umverteilung muss legitim möglich und gewollt sein. Wie? Kinder müssen ihr Spielzeug teilen lernen. Erwachsene möchten sich später an diese Aufgabe nicht mehr erinnern. Man wird hier im Werk von Erich Fromm die innere Verkettung einzelner Bausteine erkennen müssen. Die Überwindung der Furcht vor der Freiheit[102] bindet sich an der Fähigkeit zur Liebe;[103] erst aus dieser Haltung heraus kann der Mensch wie Gott sein[104] (das »wie« verweist auf die Abwesenheit des Identisch-seins). Hier erscheint ein älteres Diskursthema in einem etwas anderen Licht als das der reinen kritischen Empörung. Die Bindung des Wahlrechts an den Bildungsstatus ist falsch und hat doch einen versteckten wahren Kern, der letztendlich aber kein Argument gegen das allgemeine, gleiche und geheime Wahlrecht ist, aber dennoch – aber auf einer anderen Ebene – bedacht werden muss. Das Wahlrecht gehört zu den formalen institutionellen Voraussetzungen des Prozessregimes, ohne die keine liberale Demokratie und die Möglichkeit der Gemeinwohlbildung möglich sind. Aber die formalen Voraussetzungen sind keine hinreichende Bedingung. Eine Mehrheits-AfD würde doch wohl Fragen aufwerfen – oder? Wir sind das Volk,[105] so ruft auch die Pegida-Bewegung. Offensichtlich kann die liberale Demokratie nicht nur über formale Mechanismen und Regeln der Meinungsbildung hinreichend gesichert werden. Dies wurde in der bundesdeutschen Staatslehre auch breit diskutiert in Bezug auf das Böckenförde-Theorem[106] der normativen Voraussetzungen des Rechtsstaates, das bei mir[107] wieder auftaucht in der Argumentation über die Würde als sakrale Voraussetzung des säkularisierten sozialen Rechtstaates. Ohne eine (als Fundamentaldimensionen der politischen Kultur

99 Honneth A & Fraser N (2003) Umverteilung oder Anerkennung? 5. Aufl. Suhrkamp, Frankfurt am Main.
100 Fraser N & Jaeggi R (2020) Kapitalismus. Ein Gespräch über kritische Theorie. Suhrkamp, Berlin.
101 Stadelbacher St & Schneider W (2020) Lebenswirklichkeiten des Alter(n)s. Vielfallt, Heterogenität, Ungleichheit. Springer VS, Wiesbaden.
102 Fromm E (1993) Die Furcht vor der Freiheit. dtv, München.
103 Fromm E (1998) Die Kunst des Liebens. dtv, München.
104 Fromm E (2018) Ihr werdet sein wie Gott. dtv, München.
105 Butler J (2018) Anmerkungen zu einer performativen Theorie der Versammlung. Suhrkamp, Berlin.
106 Böckenförde E-W (1976) Staat, Gesellschaft, Freiheit. 2. Aufl. Suhrkamp, Frankfurt am Main.
107 Schulz-Nieswandt F (2017) Menschenwürde als heilige Ordnung. Eine dichte Re-Konstruktion der sozialen Exklusion im Lichte der Sakralität der personalen Würde. transcript, Bielefeld.

verstehbare) an den Werten von 1789 orientierte, auf habituelle Tugenden des gelingenden Miteinanders abzielende *Paideia* wird liberale Demokratie nicht nachhaltig zu haben sein. Deshalb auch die Debatte um die Wehrhaftigkeit der Demokratie.[108] Umso schlimmer ist die Unterinvestition unserer Gesellschaft in Bildung.

Die zur Form[109] findenden »Reifung« der Person lässt sich sicherlich weder über den formalen Bildungsstatus als Proxy noch, wie wir im Wandel von Kindheit und Jugend in der Abfolge der Kohorten beobachten können, über Altersmarker (das gilt auch für Erstsemester*innen)[110] fixieren. Gleiches gilt für das hohe Alter. Auch das Geschlecht kann natürlich mit Blick auf das allgemeine Wahlrecht rechtsstaatlich nicht – das wäre in grotesker Weise diskriminierend – eine Variable einer Differenzierung sein. Es geht hier nur um die Einsicht in die Abhängigkeit der formalen Demokratie von substanziellen Bedingungen. Ich verstehe gerade das viel diskutierte hexagonale Zivilisationsmodell von Dieter Senghaas[111] genau so, dass hier nicht nur formalen Vorrausetzungen, sondern auch Werte-orientierte Dimensionen Eingang finden. Dazu gehört die Idee der sozialen Gerechtigkeit, die sich m. E. aber an die objektive Idee der Würde der Person naturrechtlich bindet. Metaphysik hat heute nicht zwingend bzw. a priori mit einer konservativen oder gar traditionalistischen bzw. vormodernen Position der Scholastik zu tun. Von mir aus nennen wir das Phänomen, etwas paradox anmutend, eine nach-metaphysische Metaphysik, also eine Post-Metaphysik. Mit Bezug auf ein listiges Begriffsmarketing bin ich für fast jeden Unsinn offen, wenn es hilft, Missverständnisse auszuräumen bzw. erst gar nicht aufkommen zu lassen. Die UN steht sicherlich nicht in der Tradition der mittelalterlichen Scholastik des traditionellen (z. T. auch neutestamentlichen) Naturrechts, das der indischen Ideologie der ewigen Ordnung der Kasten im kulturellen Codesystem des *homo hierarchicus* ähnelt.[112]

Eine gute Entwicklung von Gesellschaften setzt die Metaziele im Sinne des Basic Development Index (BDI) voraus: Recht, Gleichheit, Freiheit, Persönlichkeitsentwicklung, Gesundheit, Sozialität, Solidarität.[113] Gerechtigkeit in Bezug auf die Chance zum Wohlbefinden wird zum Kern der Idee des guten Lebens.[114]

Zurück in die positive Sichtung der Dinge: Und die Solidarität als Logik der Moralökonomik ist eine solche der Chancengleichheit, aber angesichts empirisch vorgängiger Ungleichheiten und der politisch inakzeptablen Ergebnisse kapitalistischer Marktgesellschaften (und damit ist nicht nur ein distributives, sondern auch allokatives, auf die sinnhafte Bedarfsgerechtigkeit abstellendes Marktversagen gemeint)[115] immer auch eine Frage der redistributiven Logik der Gesellschaftsgestaltungspolitik. Nancy Fraser hat im besagten Diskurs – und hier kann die neuere

108 Weck R de (2020) Die Kraft der Demokratie. Eine Antwort auf die autoritären Reaktionäre. 2. Aufl. Suhrkamp, Berlin.

109 Kreis G (2009) Cassirer und die Formen des Geistes. Suhrkamp, Frankfurt am Main.

110 Schulz-Nieswandt F & Langenhorst F (2012) Minderjährige StudienanfängerInnen an der Hochschule – ein Problem? Nomos, Baden-Baden; Johnen H & Schulz-Nieswandt F (2013) Zum Problem der Statuspassage Schule-Hochschule nach G8. Nomos, Baden-Baden.

111 Senghaas D (1994): Wohin driftet die Welt? Suhrkamp, Frankfurt am Main.

112 Dumont L M (1976) Gesellschaft in Indien. Die Soziologie des Kastenwesens. Europaverlag, Wien.

113 Dückers D (2016) Nachhaltiges Wohlbefinden. Duncker & Humblot, Berlin.

114 Nussbaum M C (1998) Gerechtigkeit oder das gute Leben. 11. Aufl. Suhrkamp, Frankfurt am Main. Kritisch dazu Mügge C (2017) Menschenrechte, Geschlecht, Religion. transcript, Bielefeld.

115 Berger J (2014) Kapitalismusanalyse und Kapitalismuskritik. Springer VS, Wiesbaden.

französische Theorie[116] des Politischen[117] zumindest in fundamentalen Aspekten positiv eingebaut werden – auf den »struggle about ideas«-Wesenscharakter der agonalen Demokratie verweisen. Die Gramsci-Frage der Hegemonie kommt hier ins Spiel, die bekanntlich edukative Dimensionen aufweist.[118] Gemeinwohl ohne Erziehung zum Gemeinwohl als Befähigung der Menschen funktioniert eben nicht.[119] Es gibt so viele neoliberale Literacy-Diskurse. Warum gibt es nicht auch einen positiven Gegen-Diskurs der Subjektivierung zum *homo donans*? Wir benötigen, um an den englischen Untertitel der Z'GuG (*Journal of Social Economy and Common Welfare*) anzuknüpfen, eine »Common Welfare-Literacy«-Politik. Warum nicht? Sollen wir die Werte-Erziehung der Ästhetik des mentalen Kapitalismus überlassen? Wenn der Kapitalismus seine passungsoptimale Erziehung der Menschen zum kapitalistischen (also zu seinem heiligen) Geist hat, so benötigt die Gemeinwirtschaft die eigene Erziehung zum Gemeinwohldenken gemeinwirtschaftlicher Gesinnung. Damit ist keine letztendlich gewaltsame Ideologie eines neuen Menschen[120] angesprochen. Es geht um das Potenzial, das dem Menschen inhärent ist. Es gibt die komplexen Spiegelneuronen.[121] Es gibt die schönen Künste. Allein die Musik – lassen wir den ewig sich wiederholenden Diskurs über die schreckliche Musik der Jugend zur Seite – zeugt von der Göttlichkeit des Menschen.

1.5 Personalität, Erziehung und die Rolle der Wissenschaft

Personaler Sozialismus statt Kapitalismus. Ich antizipiere die Rezeptionsweisen im Resonanzraum: In umgekehrter Reihenfolge: Der eine Geist sei der der Freiheit, der andere der Weg in die Knechtschaft des Totalitarismus. Damit wird der »Personalismus« (bösartig willentlich?) falsch verstanden: Es geht nicht um eine Positionierung auf einer Individualismus-Kollektivismus-Skala. Insofern ist auf einer metatheoretischen Ebene die Begriffsbildung eines methodologischen Kollektivismus (als Kontrast zum methodologischen Individualismus) ideologiegetrieben und trifft kaum die Architektur der gemeinten Positionen. Die Personalität liegt außerhalb dieser Geometrie dieser horizontalen Bi-Polarität. Hier lag schon die ältere *homo oeconomicus* versus *homo sociologicus*-Debatte in der Geometrie des Denkens eines Vorstellungsraumes falsch: Es geht nicht um Unter- versus Übersozialisierung. Das ist alles billige Mathematik der Vermessung des Gemeinwohls als Durchschnittswert. Es geht um die wahre Vergesellschaftung, abzielend auf das solidarische Subjekt (Subjekt, nicht Insekt[122] der kollektivierten Masse) der souveränen Selbst-Verwirklichung. Zur wahren Souveränität gehört aber auch die edle Hal-

116 Marchart O (2010) Die politische Differenz. Zum Denken des Politischen bei Nancy, Lefort, Badiou, Laclau und Agamben, 4. Aufl. Suhrkamp, Frankfurt am Main; Hirsch M & Voigt R (Hrsg) (2009) Der Staat in der Postdemokratie. Staat, Politik, Demokratie und Recht im neueren französischen Denken. Steiner, Stuttgart; Hetzel A (Hrsg) (2017) Radikale Demokratie. Zum Staatsverständnis von Chantal Mouffe und Ernesto Laclau. Nomos, Baden-Baden.

117 Vgl. u. a. Badiou A (2017) Für eine Politik des Gemeinwohls. Passagen, Wien.

118 Gramsci A (2012) Erziehung und Bildung. Argument Verlag mit Ariadne, Hamburg.

119 Dewey J (2011) Demokratie und Erziehung. 5. Aufl. Beltz, Weinheim.

120 Vgl. jedoch positiv: Hondrich K O (2001) Der Neue Mensch. 4. Aufl. Suhrkamp, Frankfurt am Main.

121 Rizzolatti G & Sinigaglia C (2008) Empathie und Spiegelneurone. 6. Aufl. Suhrkamp, Frankfurt am Main.

122 Johach E (2020) Wilde Soziologie. Soziale Insekten und die Phantasmen moderner Vergesellschaftung. Fink, Paderborn sowie Doll M & Kohns O (Hrsg) (2017) Zoologie des Kollektiven. Fink, Paderborn.

tung des Teilen-Könnens, des Schenkens und Vergebens, der Gelassenheit, in diesem Sinne der Demut. Man muss sich selber lieben können. Aber das Ziel ist, den Mitmenschen zu lieben und von ihm geliebt zu werden. Was sollte sonst der Sinn des Lebens sein? Soziale Gerechtigkeit meint, dass alle Menschen eine Chance zur Teilhabe an diesem Sinn erhalten. Wir wollen und sollen sein wie die Götter. Das beginnt in der glücklichen Kindheit und endet in der souveränen Akzeptanz der Endlichkeit. Sterben kann dann, wenn die Liebe das Leben geprägt hat, eine leichte, schöne Aufgabe sein. Der Tod fällt schwer, wenn das Leben zuvor keine Chance auf Sinn bekam. Denn dann will der Mensch (noch) nicht sterben, weil er ja erst noch schaffen will, was er bislang versäumt oder ihm strukturell genommen worden ist: ein Leben in Liebe, das Leben als gelebte Liebe. Gerechtigkeit ist die ethische Fundamentalkategorie der Politik der Chance auf ein Leben in Liebe. Würde man in unserem »Kulturkreis«[123] das Christentum so verstehen, so hätten wir eine radikale Sozialbewegung dionysischer Grenzüberschreitung unserer anachronistischen Wirtschaftsordnung. Das wäre eine Theologie der Befreiung aus der Kraftquelle liebender Hoffnung. Wer sich vor dem Begriff des Sozialismus – als Scheu – ekelt, sollte darüber nachdenken, ob er/sie (wohl möglich sogar als Kirchgänger*in) überhaupt verstanden hat, was er/sie da ablehnt. Warum haben – wie denke an Erich Kästner‘s Pädagogik – Erwachsene vergessen, was in der Kindheit so wichtig war: Freundschaft? Was zerstört dieses Innere im Erwachsen-werden? Unsere Gesellschaftsordnung. Sie ist krank. Sie macht uns krank. So verfehlen wir die Chance auf einen Sinn der ganzen Geschichte, die man eben Geschichte des Menschseins nennt. Ist das billige Pathetik? Nein, das ist Philosophieren. Das Tier fristet seine Existenz, der Mensch muss – oftmals zitiert – sein Dasein führen. Wir lassen uns verführen: Von der Warenwelt (ein einziges, riesiges Bordell der Dinge), von diktatorischen Systemen des Versprechens des kollektiven Glücks, schlagen (auch in subtilen Formen struktureller Gewalt) die Kinder, die wir erhofft/gewünscht/ersehnt und in die Welt »geworfen« haben und die – als »Sozialtouristen« stigmatisiert – an der touristischen Küste Antalyas aufgeschwemmt angeschwemmt werden. An jeder Ecke bei uns sind mehr oder weniger hässliche Kirchen: Sie bimmeln, aber in der Sache schweigen sie, verschweigen, was als »Schrei« des Existenzialismus hörbar werden sollte: Wir sind nicht Gott, aber wir könnten, weil wir es als Potenzial sind, gottähnlich sein. Die gelassenen Menschen nicken wohltuend ein während der Predigt; an sich müsste man sich erbrechen, denn das reimt sich auf Verbrechen: Denn das verlogene Schweigen der Kirche ist ein solches Verbrechen. Wann werden die christlichen Parteien christlich? Wann werden Spezialdemokraten wieder Sozialdemokraten?

Ironie? Sarkasmus? Persiflage? Nein. Analyse der Faktizität, aber skaliert an dem Telos unserer verfassten Welt: Wann werden wir Menschen schlicht Menschen (nicht Monster als endogene Alterität unserer Identität) sein, also werden? Hannah Arendt hatte wohl recht: Die Nazis sind das normale Böse, denn wer hat behauptet, das Böse sei nicht auf einer Eskalationsskala abbildbar? Ich bin als Bochumer Anhänger von Grönemeyer, fand aber sein Leid über „Alle Macht den Kindern“ unsinnig. Das Böse ist in Ihnen, weil sie (kleine) Menschen sind. Aber das sollte uns nicht erschrecken, wie: Das ist so. Erschrecken muss uns, dass wir so wenig tun in der sog. »Bildungspolitik« von den frühen Hilfen bis zur Arbeit in den Universitäten, damit wir mehr

123 Vgl. dazu auch weiter unten Abschnitt 23.

edle Menschen bekommen. Bekommen: Denn wir müssen investieren, aber für die Ernste müssen wir sodann dankbar seien.

So geht der berühmte Gaul mit einem durch. Aber soll eine neue Zeitschrift wirklich im Markt platziert werden ohne die Erzählung einer Vision? Wissenschaft ohne Herzblut? Ohne Moral? Lassen sich die Rollen einfach trennen? Reine Wissenschaft einerseits, private Moral andererseits? Die inhärenten Gefahren sind evident. Aber ist das ein Argument gegen den Mut engagierter Wissenschaft? Sollten wir unsere Intelligenz nicht stärker und andere als bisher in den Dienst der Gesellschaft stellen? Auch das kann ein Thema der neuen Zeitschrift sein.

Wo ist die Wissenschaft von der Gemeinwirtschaft und ihrem Ziel des Gemeinwohls, die tugendhaft den Mut hat, sich in diesem Dienst zu stellen. Forschung für eine bessere Welt, nicht, wie es die Pharmawirtschaft formuliert, sondern ehrlich. Pathetik? Nein: schlichte Wissenschaftstheorie. Was ist Wissenschaft: methodisch kontrollierte Art und Weise der Erkenntnis- und Wissensgenerierung, aber: für was, für wen? Was ist Wohlstand? Wohlstand für wen? Berühmte Formulierungen aus der Soziologie. Studierende heute dürften den Namen des Autors nicht mehr kennen: David Riesman. Statistische Modelle und ihre methodische Beherrschung ist eben nicht alles, was in einer öffentlichen, der Verfassung der Gesellschaft verpflichteten Universität zu lehren ist: Es geht auch hier durchaus um Erziehung?[124] Es kann nicht Aufgabe der wirtschafts- und sozialwissenschaftlichen Lehre der Universität sein, einen das Menschenbild unserer Rechtsregime widersprechenden Marktliberalismus zu predigen. Es muss ihre Aufgabe sein, die christliche Tradition ihrem Wesen nach ethisch zu radikalisieren, die sozialdemokratische Idee der sozialen Gerechtigkeit als Funktionsvoraussetzung unserer Gesellschaft zu bewahren, die Nachhaltigkeitsidee[125] zur Geltung zu bringen, den Rechtspopulismus und Rechtsextremismus zu bekämpfen. Darauf bin ich als Körperschaftsbeamter im Eid – vormoderne soziale Praktiken als Grundlage auch moderner Gesellschaft[126] – verpflichtet: John Stuart Mill schrieb einst: „Universitäten sind nicht da, um ein Wissen zu lehren, welches erforderlich ist, um zu einer bestimmten Art des Broterwerbs zu befähigen. Ihre Aufgabe ist es nicht, geschickte Rechtsgelehrte oder Aerzte oder Ingenieure zu bilden, sondern tüchtige und veredelte menschliche Wesen."[127]

2. Über die Warenförmigkeit als Abstraktionsform der Verfahrensgerechtigkeit

Verfahrensgerechtigkeit gehört zu den Funktionsvoraussetzungen der Demokratie. Denn die Alternative wäre die diskriminierende Willkürherrschaft. Es geht um das Prinzip der transparenten

124 Litt Th (1959) Charakterbildung geht vor Wissensbildung. In: Pädagogische Wahrheiten und Halbwahrheiten kritisch beleuchtet. Spranger E (Hrsg) Festgabe für Wilhelm Flitner zum 70. Geburtstag. Quelle & Meyer, Heidelberg: 41–67.

125 Ehemann W-M I (2020) Umweltgerechtigkeit. Mohr Siebeck, Tübingen.

126 Prodi P (Hrsg) (1993) Glaube und Eid. Treueformeln, Glaubensbekenntnisse und Sozialdisziplinierung zwischen Mittelalter und Neuzeit. Oldenbourg, München; ders (1997) Das Sakrament der Herrschaft. Der politische Eid in der Verfassungsgeschichte des Okzidents. Duncker & Humblot, Berlin; Agamben G (2010) Das Sakrament der Sprache. Eine Archäologie des Eides. 2. Aufl. Suhrkamp, Frankfurt am Main.

127 Mill J St (1869) Rektoratsrede an der Universität St. Andrews 1867. In: Gesammelte Werke Erster Band. Leipzig 1869: 206.

Gleichbehandlung. Hier ist kein Gegenargumentieren begründbar. Aber genau hier wird aber auch deutlich, dass eine solche Idee der Gleichbehandlung in der Rechtsstaatlichkeit eine Analogie findet in der Ideenwelt des fairen Wettbewerbs in wirtschaftlichen Austauschsystemen. Transparenz und Gleichbehandlung sind oberste Rechtsprinzipien der Wettbewerbsrechtspolitik[128] der EU.[129] Es ist diese spezifische Egalität in der Marktteilnahme, die hier als Kultur der Vertragsgesellschaft gedacht wird.

Verfahrensgerechtigkeit reicht aber für das Gemeinwohl nicht hin, weil der soziale Rechtsstaat auf »sozialer« Gerechtigkeit (vgl. § 1 SGB I) aufbaut, die nicht aufgeht in die Tauschgerechtigkeit im Sinne der Äquivalenz(tausch)gerechtigkeit als Leistungsgerechtigkeit, sondern die Befähigung zur Teilhabe am Leben benötigt, also eine Teilhabegerechtigkeit, die ohne solidarische Redistributionsökonomik des Wohlfahrtsstaates, wobei er als Steuerstaat verbunden ist mit dem Monopol auf legitime physische Gewalt als zivilisierter Rechtsstaat, nicht möglich ist. Dieser Aufwand ist zu leisten dort, wo existenzielle Grundgüter (Gesundheit, Wohnen, Bildung, Wasser etc.) eine Bedarfsgerechtigkeit erzwingen, also eigentlich eine Allmendelösung freier öffentlicher Güter, nicht eine Affordability-Politik der EU-Kommissionsauffassung, wonach Dienstleistungen von allgemeinem Interesse dann schon im Markt zugänglich seien, wenn sie billig, also bezahlbar sind. Eine solche solidarische Gemeinschaft als Grundlage der modernen Gesellschaft[130] ist insofern genossenschaftsartig, mit Blick auf den Steuerstaat sogar zwangsgenossenschaftlich, wobei auch hier das nicht zu versteuernde Existenzminimum zu bedenken ist, da es (wie in der GKV des SGB V) immer Netto-Zahler und Netto-Empfänger in einer teils dauerhaften, teils volatilen Versichertengemeinschaft als Relationsgefüge gibt. Es zeigt sich auch hier, dass der Gabe-Überschuss und seine Akzeptanz eine transzendentale Voraussetzung moderner Formen des Risikomanagements sind.

Es geht der »sozialen« Gerechtigkeit nicht egalitär um die Gleichheit der Wohlfahrtsergebnisse. Das wäre ein primitiver Welfarism-Kommunismus, der in inhumaner Weise auf soziale Differenzierung gewaltsam verzichtet. Das entspricht nicht der Idee des personalen Zeitalters,[131] dass hier vorliegend diskutiert wird. Es geht um die Egalität der Chancen zur Teilhabe, also zur Selbstverwirklichung (Freiheit), die ohne eine Moralökonomik solidarischer Finanzierung nicht denkbar ist. Aber selbst dies Chancengleichheit wird man mit Blick auf die *conditio humana* nicht, trotz abstrakter Plausibilität, dorthin treiben können, das die ökonomische Vererbung von Eltern an Kindern vollständig unterdrückt wird, um so keine sozial ungleichen Chancen in der Sozialstruktur der Generationenabfolge zu generieren. Aber eine radikalere Vermögenspolitik könnte zur umfänglichen Finanzierung der Sozialinvestition in die Bildung aller Kinder den goldenen Mittelweg gehen.

Wenn diese soziale Substanz im Gerechtigkeitsbegriff nicht mitgedacht wird, ist weder der Schritt hin zu einem egalitären Liberalismus noch, weiterführend, zum Personalismus eines ethischen freiheitlichen Sozialismus möglich. Die Verfahrensgerechtigkeit kann nicht von den

128 Müller Th (2014) Wettbewerb und Unionsverfassung. Mohr Siebeck, Tübingen.

129 Huerkamp F (2010) Gleichbehandlung und Transparenz als gemeinschaftsrechtliche Prinzipien der staatlichen Auftragsvergabe. Mohr Siebeck, Tübingen.

130 Wössner J (1963) Mensch und Gesellschaft. Duncker & Humblot, Berlin.

131 Hier sei (trotz dessen Nazi-Verstrickungen) zitiert: Oppen D v (1960) Das personale Zeitalter. Formen und Grundlagen gesellschaftlichen Levens im 20. Jahrhundert. Burckhardthaus- und Kreuz-Verlag, Gelnhausen-Stuttgart.

substanziellen Fragen eines »guten Lebens« dergestalt abstrahieren, dass sich Gerechtigkeit im inhaltsleeren Formalismen von Regeln erschöpft, so wie sich in der Warenproduktion der Tauschwert verselbständigt gegenüber Rationalitätsfragen des Gebrauchswerts. Ich knüpfe hier an die erkenntniskritischen Studien von Alfred Sohn-Rethel[132] an. Es ist die Denkform des Warenmarkttausches von Vertragsindividuen, der hier den Geist der Marktpartizipation prägt. Denkform und Warenform sind hier Korrelate. Es gibt aber Fragen sozialer Gerechtigkeit, die vom Markt nicht gelöst werden können und daher als Zivilisationsaufgaben[133] – etwa eine vollständig dekommodifizierte, vollkommen universalistische Gesetzliche Sozialversicherung[134] im Krankheits- und Langzeitpflegefall – radikal außerhalb von Marktfunktionszusammenhängen bewältigt werden müssen. Eine demokratische liberale Gesellschaft der Gleichbehandlung schließt redistributive Mechanismen zur präventiven Finanzierung von Sozialinvestitionen in Bildung und Gesundheit, in freies sauberes Wasser etc., die Finanzierung kompensatorischer Sozialausgaben im Lichte einer realistischen Einschätzung der Utopie perfekter Prophylaxe sowie ebenso grundrechtlich fundierte Programme »positiver Diskriminierung«[135] mit dem völkerrechtlichen[136] Blick auf den Abbau von kulturgrammatisch tief sitzenden Ungleichheitsvektoren sozialer Herkunft, Geschlecht, »Rasse« und kultureller Herkunft nicht aus.

3. Die »Paideia« und die Überwindung des ethischen Formalismus sowie des Utilitarismus im Rahmen einer integrativen Ethik

Explizieren möchte ich die Konsequenzen dieser Kritik im Rahmen einer Interpretation des psychischen Apparates, wie er in der Kulturtheorie des späten Freud entwickelt worden ist. Struktural analog ist auch die Geometrie von Oswald von Nell-Breuning[137] abzulehnen: Es geht nicht um den Mittelwert zwischen der

»Sünde« „durch einseitigen Überwertung des Einzelmenschen"
versus der
»Sünde« „durch einseitige Überbewertung der Gesellschaft".

Der »Personalismus« liegt außerhalb dieser binären Raumbildung. Es geht nicht um eine Mathematik des »Zuviel« oder des »Zuwenig«. Personalität ist gelingendes soziales Miteinander,

132 Sohn-Rethel A (1978) Warenform und Denkform. Suhrkamp, Frankfurt am Main.

133 Blickle P (2006) Von der Leibeigenschaft zu den Menschenrechten. Eine Geschichte der Freiheit in Deutschland. 2., durchgeseh. Aufl. Beck, München sowie Prodi P (2005) Eine Geschichte der Gerechtigkeit. Vom Recht Gottes zum modernen Rechtsstaat. 2. Aufl. Beck, München.

134 Schulz-Nieswandt F (2002) Treffsicherheit in der Sozialpolitik. In Held M, Kubon-Gilke G & Sturn R (Hrsg) Jahrbuch Normative und institutionelle Grundfragen der Ökonomik. Bd. 1: Gerechtigkeit als Voraussetzung für effizientes Wirtschaften. Metropolis, Marburg: Metropolis: 279-299.

135 Peters A & Birkhäuser N (2005) Affirmative Action à l'Américaine – Vorbild für Europa? Zeitschrift für ausländisches öffentliches Recht und Völkerrecht 65: 1–34.

136 Schulz-Nieswandt F (2016) Inclusion and Local Community Building in the Context of European Social Policy und International Human Social Right. Nomos, Baden-Baden.

137 Nell-Breuning O v (1950) Einzelmensch und Gesellschaft. Kerle Verlag, Heidelberg.

kein Kompromiss-Denken. Die personalistische Gesellschaftstheorie basiert auf einer anderen Metaphysik.[138]

3.1 Paideia

Die Freiheit eigensinniger Subjekte funktioniert aber nur aus dem Geist des Gemeinsinns heraus: Deshalb ist Charakterbildung (*Paideia*) die Schlüsselfrage der altgriechischen politischen Philosophie. Auf die Haltung – also *Hexis* – kommt es an! So sagte es der zitierte Autor des kleinen Prinzen. Auch das Sittengesetz von Kant des Art. 2 GG bedarf der Erziehung, deren Gelingen bzw. Scheitern heute besser verstanden werden kann infolge die neurowissenschaftlichen Forschungen zur Empathie[139] als Aktualisierung komplexer Spiegelneuronen des *zoon politokon*. Das sind die nicht-kontraktuellen Voraussetzungen der Idee des sozialen Rechtstaates,[140] von denen die klassischen französische Soziologie handelte. Und Émile Durkheim war ein herausragender Sozialpsychologe und wusste um die Bedeutung der Pädagogik der Moral. Doch erst Sigmund Freud entschlüsselte die Tiefe. Ich komme daher zur Grammatik des intraindividuellen psychischen Arbeitsapparates.

Das in der Spiegelphase zum Selbstbewusstsein kommende Ich als Regulator des psychischen Arbeitsapparates reitet den Zweispanner mit den beiden Pferden des gesellschaftlichen Über-Ichs und des Es als Ökonomik der Begierde der Objektbesetzungen. Das Gelingen des sozialen Miteinanders setzt Menschen ohne allzu verstiegene Charakterneurosen voraus. Das Es entspringt der Phantasie des Menschen als Naturwesen, die aber auch das Reich der Ideen ist. Und diese Ideen gehen in das Ich der Person ein, das im Spiegel dieser Ideen auch die Interessen bündeln muss, die aus der Ökonomik der Begierde des Es entspringen. Das Ich kanalisiert mit Blick auf die Regulierung des Es auch die Imperative der Über-Ich-Instanz, die die Ablagerung der gesellschaftlichen Normativität darstellt. Das Ich fungiert demnach wie ein Gleichgewichtsmechanismus, aber auch hier nicht im Sinne billiger Logik des Kompromisses der Durchschnittswerte, sondern es sind diskursive Gespräche, die sich im inneren agonalen Welt des Individuums abspielen: Kampf der Ideen mit Blick auf die strukturelle Bahnung (kulturelle Einbettung) der Interessen als Diskurs über Werte als Konzeptionen des Wünschenswerten mit normativen Ansprüchen in Bezug auf das Weltbild des Individuums, also mit Blick auf die relationale Stellung des Menschen im sozialen Miteinander als ein »Mitsein« in der Welt als charakterliche Selbstaufstellung.

---

138 Hengstenberg H-E (1949) Grundlegung zu einer Metaphysik der Gesellschaft. Glock und Lutz, Nürnberg; Hildebrand D v (1955) Metaphysik der Gemeinschaft. Untersuchungen über Wesen und Wert der Gemeinschaft. Josef Habbel, Regensburg.

139 Vgl. Schmetkamp S (2019) Theorien der Empathie zur Einführung. Junius, Hamburg.

140 Vgl. auch in Schulz-Nieswandt F (2017) Menschenwürde als heilige Ordnung. Eine dichte Re-Konstruktion der sozialen Exklusion im Lichte der Sakralität der personalen Würde. transcript, Bielefeld.

3.2 Überwindung des ethischen Formalismus

Es wird somit überaus deutlich, wie nahe ich in der Tradition der materiellen Wertethik als Überwindung des ethischen Formalismus von Max Scheler[141] stehe. Viele Kritiken mögen ihre relative Berechtigung (gehabt) haben, räumen aber die Bedeutung von Max Scheler's Position nicht aus. Demokratie und die Genese des Gemeinwohls erschöpfen sich nicht im Formalismus[142] der mechanischen Prozeduren[143] und in der Strukturation als Rahmung durch regulative Regeln. Es geht nichts ohne diese Regime. Und sicherlich haben die Strukturationsansätze etwa von Coleman und Giddens, ebenso von Esser[144] oder Schluchter[145] ihren Ertrag. Sie sind aber sozialontologisch im Kern unvollständig, da sie Subjekt und Objekt nicht wirklich vermitteln können.

Aber Gemeinwohl hat immer eine inhaltliche Dimension im Kern ihres Wesens.[146] Rituale können auch leer sein. Was ist die kerygmatische Botschaft der liturgischen Ordnung formaler Demokratie? Wofür »steht« Demokratie als Verfahren? Sie ist eine eigenwertige Form und dennoch funktionaler Bedeutung für eine inhaltliche Botschaft: Der Mensch soll sein Wesen entfalten. Nun hat Ernst Michel[147] dargelegt, dass die Entelechie von Goethe, soziologisch auf die moderne Gesellschaft blickend, eben kein selbstverständlicher Automatismus ist: Die Moderne ist ein die Personalität erodierendes Geschehen. Die Gesellschaft muss ihre personale Mitte erst noch finden – Mitte ist aber, wie oben argumentiert, nicht der Mittelwert – und meint keinen Kompromiss in der Polarität von Gesellschaft und Person. Mit der Kritik der Durchschnittswert-Philosophie der Kompromisse verlasse ich die Vertragstheorie der liberalen Welt der Interessen und ihrer Märkte, auch der politischen Tauschgeschäfte und der globalen Toleranz von „andere Länder, andere Sitten". Die ausgebeuteten Kinder, die misshandelten Mädchen und die verhandelten Frauen dieser Welt sagen: Nein, danke!

Der Diskurs um das Gemeinwohl ist ein weites Feld.[148] Prozedural gesehen, kann Gemeinwohl erst *ex post* aus dem Prozessgeschehen seiner Bildung heraus verstanden werden. Aber das bedeutet nicht, dass nicht auch *a priori* objektive Werte – hier: die Würde im Sinne der Anthropologie der Personalität – Eingang finden. Das Gemeinwohl wird man wohl nur in einem Zusammenspiel beider Perspektiven angemessen theoretisch fassen können, ganz so, wie es in der Verfassung des Landes Bayern in Artikel 151 (1) lautet: **„**Die gesamte wirtschaftliche Tätigkeit dient dem Gemeinwohl, insbesonders der Gewährleistung eines menschenwürdigen Daseins für alle und der allmählichen Erhöhung der Lebenshaltung aller Volksschichten."

---

141 Scheler M (2014) Der Formalismus in der Ethik und die materielle Wertethik. Meiner, Hamburg.

142 Doel H v d & Velthoven B v (1993) Democracy and Welfare Economics. 2. Aufl. Cambridge University Press, Cambridge.

143 Blum Chr (2015) Die Bestimmung des Gemeinwohls. De Gruyter, Berlin.

144 Esser H (1999) Soziologie. Allgemeine Grundlagen. 3. Aufl. Campus, Frankfurt am Main-New York.

145 Schluchter W (2005) Handlung, Ordnung und Kultur. Mohr Siebeck, Tübingen.

146 Strünck Chr (2014) Gibt es ein Recht auf Gemeinwohl? Öffentliche Interessen im Blickwinkel von Rechts- und Politikwissenschaft. Springer VS, Wiesbaden.

147 Michel E (1959) Der Prozeß »Gesellschaft contra Person«. Soziologische Wandlungen im nachgoetheschen Zeitalter. Klett, Stuttgart.

148 Forschungsberichte der interdisziplinären Arbeitsgruppen der Berlin-Brandenburgischen Akademie der Wissenschaften. Band I–IV. Akademie Verlag, Berlin, 2001 ff.

Das Ich ist nun aber mit Blick auf die Kunst, das Sittengesetz zu leben, Einschreibung der Erziehung und des gesamten Sozialisationsgeschehens im Sinne einer Charakterbildung. Dieser Prozess ist in der älteren Strukturpsychologie[149] der Charakterbildung als Schichtungsmodell der Person breit dargelegt worden und heute keineswegs überholt, sondern vergessen.[150] Ohne Erziehung[151] mit Blick auf das Erlernen sozialer Tugenden ist das Problem der Gemeinwohlorientierung einer modernen Gesellschaft nicht zu lösen. Dabei kommt eine Dialektik zur Wirkung: Erziehung und Bildung sind »mitgefangener« Teil einer Gesellschaft und zugleich ihre transzendentale (eben auch »selbsttranszendierende«) Voraussetzung, was früher als »relative Autonomie« bezeichnet worden ist. Die Probleme der Tugendlehre in ethischer Absicht sind bekannt.[152] Auch hier können Tugenden nicht die Frage entscheiden: Was soll ich tun? Aber sie legen den Fokus auf die sozialen Fähigkeiten, die notwendig sind, nach dem Guten des gelingenden sozialen Miteinanders zu streben. Es geht also eher um eine integrative Ethik,[153] die das Sittengesetz (als Pflicht) mit der charakterbildenden Erziehung zur Fähigkeit zum sittlichen Handeln verbindet.[154] Was bedeutet hierbei integrative Ethik? Sie fokussiert auf die Komplexität, auch die »Nützlichkeit des Nützlichen« bei tiefster Selbstbesinnung und höchster Wohlbedachtheit (also in kritizistischer Haltung) in der transzendentalpragmatischen Dialogizität[155] der sozialen Welt im Spiegel der Metaphysik der objektiven Wahrheiten der heiligen Würde des Menschen zu problematisieren.

4. Diskursethik, »volonté générale« und der »Geist der Gesetze«

Die Diskursethik hat auch ihren Platz gefunden in der Wirtschafts- und Unternehmensethik[156] und ist, nicht nur deshalb, sondern schon dem Grunde nach hier relevant. Ihre allgemeine Herleitung aus der Theorie kommunikativen Handelns von Jürgen Habermas[157] und im »Apriori der Kommunikationsgemeinschaft« (die auch an die Philosophie von Karl Jaspers erinnern mag) der Transzendentalpragmatik bei Karl-Otto Apel[158] sind wohl überaus bekannt. Ich paraphrasiere sie hier nicht. Ebenso sind Kritik und Kontroverse bekannt. Dennoch bleibt von Bedeutung die Bindung von Wahrheit des wahrhaftigen Wollens (nochmals kritizistisch formuliert. bei höchster Wohlbedachtheit und tiefster Selbstbesinnung) an die vernünftigen Prozessen inter-subjektiver – nicht in der Tradition des eigensinnig-monologischen Solipsismus stehender

149 Anzuführen wären Thomae, Bühler, Lersch, Rohracher, Graumann, Vetter, Stern, Wellek.
150 Dempf A (1977) August Vetter als Metaphysiker. Philosophisches Jahrbuch 84: 389–391.
151 Ich verweise hierbei auf das große Werk von Theodor Litt.
152 Halbig, Chr (2013) Der Begriff der Tugend und die Grenzen der Tugendethik. Suhrkamp Verlag, Berlin.
153 Quante M (2011) Einführung in die Allgemeine Ethik. 4. Aufl. WBG, Darmstadt: 129 f., 138–141.
154 Bockow J (1984) Erziehung zur Sittlichkeit – Zum Verhältnis von praktischer Philosophie und Pädagogik bei Jean-Jacques Rousseau und Immanuel Kant. Lang, Frankfurt am Main u. a.; Bolle R (2012) Jean-Jacques Rousseau. Das Prinzip der Vervollkommnung des Menschen durch Edukation und die Frage nach dem Zusammenhang von Freiheit, Glück und Identität. 3. überarb. und erw. Aufl. Waxmann Verlag, Münster u. a.
155 Buber M (1999) Reden über Erziehung. Gütersloher Verlagshaus, Gütersloh.
156 Ulrich P (2008) Integrative Wirtschaftsethik. Grundlagen einer lebensdienlichen Ökonomie. 4. Auflage. Haupt, Bern u. a.
157 Habermas J (1991) Erläuterungen zur Diskursethik. Suhrkamp, Frankfurt am Main.
158 Apel K.O (1988) Diskurs und Verantwortung. Das Problem des Übergangs zur postkonventionellen Moral. Suhrkamp, Frankfurt am Main.

– Verständigung, wenngleich diese herrschaftsfrei nicht so einfach wirklich hergestellt werden können.

Ich greife nun auf wichtige Positionen in der Geschichte der politischen Theorien zurück. Das hat auch einen anderen Hintergrund. Die Fokussierung der Politikwissenschaft auf analytische Methoden ist in neuerer Zeit die Suche nach der Nähe zur Political Economy, um so im Schnittbereich zur Public Policy-Forschung der modernen Behavorial Economics im Umkreis von Rational Choice, Public und Social Choice und Welfare Economics angesiedelt zu sein. Aber die kritischen Anmerkungen weiter oben zum Kulturwandel der Universität sind aufzugreifen: Dies führt aber in eine Blickverengung nicht nur in der Lehre: Politikwissenschaft, deren Theorie gekürzt wird um die politische Philosophie und um die Geschichte der Ideen des Politischen? Was geht verloren? Eine Denktradition, die nicht den zweckrationalen Utilitarismus instrumenteller Vernunft[159] folgt, und dabei Fragen sozialer Gerechtigkeit als Normativismen aus der Analytik der modellierten Wirklichkeit ausklammert und Grundlagenfragen der Gemeinwohltheorie verfehlt.

Der allgemeine Wille – der »volonté générale« bei Jean-Jacques Rousseau[160] – will eben gebildet werden. Er ist nicht einfach da, gerade auch nicht als Summe der Einzelinteressen.[161] Diese Bildung des allgemeinen Willens objektiviert sich in den Gesetzen, deren »Geist«, so Charles de Secondat, Maron de Montesquieu,[162] aus – hier liegt eine Art von Protosoziologie vor – der multifaktoriell geprägten Geschichte heraus zu verstehen ist. Nichts ist hier »von Gottes Gnaden«, sondern wird intersubjektiv gebildet: Es geht nicht um Summation, sondern um einen Gemeinwohlwillen, der identisch ist mit der Gerechtigkeit, alle Bürger*innen erfasst und geprägt ist von der Gegenseitigkeit. Von einem Vertrag[163] ist die Rede, der aber diskursiv anders zu verstehen ist als andere bürgerliche Vertragsideen konkurrierender Interessen. Rousseau denkt hier die Polis, nicht die Marktgesellschaft.

5. Das Sozialprodukt als Gemeinwohlindikator?

Dass das Postulat, die Maximierung des Sozialproduktes sei ein hinreichender Indikator des Wohlstandes, unhaltbar sei, geht auf einen bahnbrechenden, heute in der Zeit akademischer Unbelesenheit fast unbekannten Text von Gerhard Weisser,[164] aus dessen Kölner Schule der Sozialpolitik- und Gemeinwirtschaftslehre ich »entstamme«, zurück. Der Text ist kein isoliertes Phänomen, sondern trägt die Signatur einer von Kant kommenden kritizistischen Wissenschaftslehre, soll hier aber nicht weiter rekonstruiert werden.[165] Weisser diskutiert hier eine

159 Dazu kritisch: Halbig Chr & Henning T (Hrsg) (2012) Die neue Kritik der instrumentellen Vernunft. Suhrkamp, Frankfurt am Main.

160 Taureck B H F (2009) Rousseau. Rowohlt, Reinbek bei Hamburg.

161 Fetscher I (1971–2007) Volonté générale; volonté de tous In Historisches Wörterbuch der Philosophie Bd. 11, Basel: Schwabe, Basel: Sp. 1141–1143.

162 Hidalgo O & Herb K (Hrsg) (2009) Die Natur des Staates. Montesquieu zwischen Macht und Recht. Nomos, Baden-Baden.

163 Rousseau J-J (2005) Der Gesellschaftsvertrag oder die Grundsätze des Staatsrechts. Fischer, Frankfurt am Main.

164 Vgl. in Weisser G (1978) Beiträge zur Gesellschaftspolitik. Verlag Otto Schwartz, Göttingen: 542 ff.

165 Vgl. dazu Engelhardt W W (1998) Zum Lebenswerk des Sozialwissenschaftlers, Politikers und Pädagogen Professor Dr. Dr. h.c. Gerhard Weisser (1898-1989). In Henkel H A u. a. (Hrsg) Gegen den gesellschaftspo-

Fülle von Vorbehalten. Das Argument der »sozialen Kosten«[166] taucht hier ebenso auf wie die Kritik der Verteilungswirkungen, vor allem auch das Argument, dass nicht nur Einkommen, sondern ganze Lebenslagen[167] verteilt werden. Auch das Problem »privater Reichtum, öffentliche Armut« (im Werk von John Kenneth Galbraith)[168] taucht hier auf. Ich habe diese reichhaltige Problematisierung von Wohlstand an anderer Stelle aufgegriffen.[169]

Aber nicht nur mit Blick auf das Verständnis von Wohlstand ist das Sozialprodukt kein hinreichender Indikator, hierbei mancher Diskussion um soziale Indikatoren, qualitatives Wachstum und gesellschaftliches Rechnungswesen auf eigenständiger Grundlage ähnelnd, sondern auch im Blick auf die Bestimmung des Gemeinwohls ist diese Kategorie problematisierbar. Denn die Gefahr ist groß, das Gemeinwohl auf den Konsumgüter-Utility-Index der Bevölkerung zu beziehen. Der US-amerikanische Soziologe David Riesman[170] fragte daher schon früh an: »Wohlstand für wen?« und »Wohlstand für was?« Aber nur in der reinen Theorie der Märkte finalisiert man das Gemeinwohl in der Produktion – hier nicht näher auf die Zusammenhänge von Vermögens-, Güter- und Arbeitsmärkte eingehend – auf die Frage des Konsums. Die berühmte Frage »Haben oder Sein« knüpft sich an diese Engführung des Denkens. »Fressen versus Moral« ist eine anders akzentuierte Sicht. Von John Stuart Mill, der als Sozialliberaler der Genossenschaftsidee zugeneigt war, stammt der kontrovers rezipierte Satz: „Es ist besser, ein unzufriedener Mensch zu sein als ein zufriedenes Schwein".

6. Narrative Wissenschaft der Sorge: Entlang des Lebenszyklus gedacht

Ohne auf die erkenntnis- und wissenschaftstheoretischen, letztendlich auch im Lichte historischer Epistemologie zu klärenden Fragen eines Dualismus von nomologischen Natur- und hermeneutischen Geisteswissenschaften einzugehen, gilt doch jenseits des Streits »Erklären versus Verstehen« in den Sozialwissenschaften die Aufgaben darin, empirische (quantitative wie qualitative) Rekonstruktionen sozialer Wirklichkeit zu leisten, die, unabhängig von dem Frage ihrer Formalisierung, ihrer mathematisierten Sprache oder auch der Theoriemodellierung letztendlich Geschichten zweiter (nämlich wissenschaftlicher Art) über Geschichten erster Art, nämlich die alltäglichen Geschichten, die das Leben schreibt, zu erzählen, wobei bekanntlich solche Geschichten unterschiedlicher Weitreiche sein können. Auch Wissenschaft erzählt in ihrer methodisch kontrollierten Art und Weise (Methodologie als Methodenlehre ist die Poetik[171] der Sozialwissenschaften, deren Erkenntnis- und Wissenschaftstheorie eine Poetologie

---

litischen Imperialismus der reinen Ökonomie. Gedächtnisschrift für Gerhard Weisser. Metropolis, Marburg: 15-50.

166 Kapp K W (1958) Volkwirtschaftliche Kosten der Privatwirtschaft. Mohr Siebeck, Tübingen.

167 Schulz-Nieswandt F (1996) Die Freiheit der Person und die Handlungsräume der Gesellschaft. Anthropologisch-sozialphilosophische Bemerkungen zur sozialpolitikwissenschaftlichen Kategorie der Lebenslage. Zeitschrift für Sozialreform 42 (5): 328-336.

168 Galbraith J K (1963 und weitere Aufl.) Gesellschaft im Überfluss. Droemer Knaur, München.

169 Vgl. u.a. in Schulz-Nieswandt F (2004) Sozialpolitik und Alter. Kohlhammer, Stuttgart.

170 Riesman D (1066) Wohlstand wofür? Suhrkamp, Frankfurt am Main; Riesman D (1973) Wohlstand für wen? Suhrkamp, Frankfurt am Main.

171 Dazu auch Anregungen in Pajevic M (2012) Poetisches Denken und die Frage nach dem Menschen. Alber, Freiburg i. Br.-München.

der poetischen empirischen Forschungsstrategien ist) Geschichten über Geschichten über die Menschen. Die Menschen sind hierbei in Raum und Zeit »verstrickt«. Und »das Leben« schreibt ihre Drehbücher der (verschiedenen Formen der) Dramen, mitunter nicht ohne Poesie, dabei auch in der Moderne gar nicht so weit ab von der Dialektik von Freiheit und Schicksal, von der die Homerischen Epen angesichts der existenziellen »Geworfenheit« der Menschen in ihrem Dasein noch heute für uns aktualisierbar erzählen.

Dasein verweist auf die Entwicklungsaufgabe der Daseinsvorsorge. Das Dasein ist der Lebensspanne, die von der Endlichkeit jeder Existenz definiert ist. Als Lebenszyklus[172] ist der Lauf der Dinge in das Spiel der Statik der episodischen Abschnitten und der Dynamik der Statuspassagen (der Übergänge) und Metamorphosen eingebunden. Daseinsvorsorge ist also auf die Lebenslagen[173] im Lebenslauf[174] bezogen.

Um die Entwicklungsaufgaben im Lebenszyklus im transaktional gedachten Kontext der Wechselwirkung von Person und Umwelt bedarf der Menschen eine passungsoptimale Aufstellung mit Ressourcen verschiedener Art. Hierzu gehören auch die verfügbaren, zugänglichen, erreichbaren etc. sozialen Infrastrukturen sowie die zur Nutzung notwendigen Kompetenzen, zu der er ebenso befähigt werden muss. Strukturen und Kompetenzen, nur exemplarisch angedacht, im Kontext der Kinder- und Jugendhilfe sowie der schulischen Bildung sind andere als die der täglichen Mobilitätschancen in der Frage der Vereinbarkeit von Beruf und Familie in jungen Familien oder in der späteren Vereinbarkeitsproblematik von Beruf älterer Arbeitnehmer*innen und Pflege im höheren Alter und sodann in der palliativen Phase am Ende des Lebens.

Der Alltag muss funktionieren, um die Lebensqualität zu sichern. Alles zentriert sich um (morphologische)[175] Fragen der Ankerfunktionalität des Wohnens[176] und der Mobilität im lokalen Wohnumfeld und im regionalen Raum. Es geht um sauberes Wasser[177] ebenso wie um stabile Energieversorgung, um die Verkehrssysteme und um die Nahversorgung, um die virtuellen Kommunikationsräume. »Ausgeglichene Funktionsräume« garantieren die Funktionsfähigkeit des Alltags in Bezug auf Wohnen, Arbeiten, Mobilität, Konsum und Erholung. Arbeitsteilige Gesellschaften funktionieren nur im Rahmen dieser Infrastrukturgewährleistung. Mit der dynamischen Komplexität arbeitsteiliger Gesellschaftssysteme im Wandel steigen auch die Anforderungsprofile der Kompetenzentwicklung: Bildung wird zur daseinstechnischen Schlüsselfrage.

---

172 Schulz-Nieswandt F (2007) Lebenslauforientierte Sozialpolitikforschung, Gerontologie und philosophische Anthropologie. Schnittflächen und mögliche Theorieklammern. In Wahl H-W & Mollenkopf H. (Hrsg) Alternsforschung am Beginn des 21. Jahrhunderts. AKA, Berlin: 61-81; Schulz-Nieswandt F (2008) Alter und Lebenslauf. Ein Beitrag zur philosophischen Anthropologie in sozialpolitischer Absicht. In Aner, K & Karl U (Hrsg) Lebensalter und Soziale Arbeit: Ältere und alte Menschen. Hohengehren Verlag Schneider, Baltmannsweiler: 77-91.

173 Schulz-Nieswandt F (2003) Die Kategorie der Lebenslage- sozial- und verhaltenswissenschaftlich rekonstruiert. In Karl F (Hrsg) Sozial- und verhaltenswissenschaftliche Gerontologie. Juventa, Weinheim-München:129-139.

174 Schulz-Nieswandt F (2006) Sozialpolitik und Alter. Kohlhammer, Stuttgart.

175 Schulz-Nieswandt F (2002) Wohnen im Alter. Ein morphologischer Beitrag. In Jenkis H W (Hrsg) Kompendium der Wohnungswirtschaft. 4., erg. Aufl. Oldenbourg, München-Wien: 874-886.

176 Schulz-Nieswandt F (2013) Zur Implementation von innovativen Pilotprojekten in der Versorgungs- und Wohnlandschaft älterer Menschen: kulturelle Grammatik und systemische Choreographie In Karl F (Hrsg) Transnational und translational – Aktuelle Themen der Alternswissenschaften. LIT, Berlin: 97-118; Schulz-Nieswandt F (2013) Wohnen im Alter in der Gemeinde – zwingende Gründe und kulturelle Barrieren der De-Institutionalisierung. informationsdienst altersfragen 40 (4): 9-15.

177 Dobner P (2010) Wasserpolitik. Zur politischen Theorie, Praxis und Kritik globaler Governance. 2. Aufl. Suhrkamp, Frankfurt am Main.

Es wird verständlich, wie Infrastruktur zu einem fundamentalkonstitutiven Daseinsthema der philosophischen Anthropologie der menschlichen Existenz wird: Ist soziale Wohlfahrt ohnehin nicht auf ökonomische Wohlfahrt zu reduzieren, auch wenn die ökonomische Wohlfahrt eine Voraussetzung (keine – vor allem keine lineare – hinreichende Bedingung) für die soziale Wohlfahrt (Lebensqualität)[178] sein mag, so wird die soziale Gerechtigkeit (auch in den Nutzungschancen der Infrastruktur) zur transzendentalen Voraussetzung für das »qualitative Wachstum eines gutes Lebens«.[179] Die individuelle Freiheit der Person im Modus einer trans-exklusiven Universalität dieser Chance ist – formulierbar als das »Axiom von 1789« – an der solidarischen Sicherstellung der Chancengleichheit »Aller« zu dieser Gesellschaft der inklusiven Teilhabe geknüpft.[180] Dieses moderne naturrechtliche Denken (des Völkerrechts), das mit Goethe's Gestalt- und Metamorphosenlehre im Spiegel der Philosophie der Hoffnung bei Ernst Bloch[181] (u. a.) als Entelechie zu verstehen ist,[182] ist in der kulturgeschichtlich langen Genealogie des »Liebesgebotes« des *homo donans* verankert.

Die Sorge, die aus dem Geworfen-Sein des Menschen als ein In-der-Welt-seiendes Wesen der Endlichkeit als existenzial aufgegeben ist, verweist[183] auf die Aufgabe der Gestaltung der »Miteinanderverantwortung als Ethik des Daseins als ein Mit-Sein«.[184] Sorge und Liebe sind Korrelate.[185]

7. Wir haben eine soziale Marktwirtschaft, aber welcher Art?

Das Themenfeld überschneidet sich im Kern mit dem, was wir in bundesdeutscher Tradition die soziale Marktwirtschaft nennen, die aber entgegen der üblichen ideengeschichtliche Engführung in der genealogischen Rekonstruktion in der Nachkriegsgeschichte Deutschlands nicht auf den (auch in sozialpolitischer Hinsicht) marktkonformen ORDO-Liberalismus,[186] der die liberale Demokratie an reine (durch einen starken Staat wettbewerbspolitisch regulierte) Marktwirtschaft knüpft, verkürzt werden darf. Da die Sozialstaatsbestimmung in Art. 20 GG eine Ewigkeitsklausel darstellt und da die Sozialstaatsidee in der Formel der (»wettbewerbsfähigen«) sozialen Marktwirtschaft auch im Art. 3 (3) EUV fixiert ist, geht es also im Sinne der Idee des sozialen Rechtsstaates um Fragen von Verfassungsrang.

178 Nussbaum M & Sen A (Hrsg) (1993) The Quality of Life. Clarendon Press, Oxford.

179 Nusser K H (2005) Über die Wurzeln des demokratischen Gemeinwesens. Oder: der Fortschritt und die Sorge um den Menschen. Alber, Freiburg i. Br.-München.

180 Vgl. auch Bourgeois L (2020) Solidarität. Suhrkamp, Berlin.

181 Bloch E (1985) Das Prinzip Hoffnung. 11. Aufl. Suhrkamp, Frankfurt am Main.

182 Schulz-Nieswandt F (2020) Zur Göttlichkeit griechischer Landschaften. Königshausen & Neumann, Würzburg.

183 Siegfried M (2014) Abkehr vom Subjekt. Zum Sprachdenken bei Heidegger und Buber. Alber, Freiburg i. Br.-München. Vgl. auch Tidona G (2014) Ding und Begegnung. Alber, Freiburg i. Br.-München.

184 Bakewell S (2016) Das Café der Existenzialisten. Beck, München: 79 ff.

185 Tömmel T N (2013) Wille und Passion. Der Liebesbegriff bei Heidegger und Arendt. Suhrkamp, Frankfurt am Main.

186 Biebricher Th & Ptak R (2020) Soziale Marktwirtschaft und Ordoliberalismus zur Einführung. Junius, Hamburg.

7.1 Sozialschutz

Zur sozialen Marktwirtschaft gehört im Kern das weite Gebiet der Sozialpolitik. Hier dürfte der § 1 SGB I von fundamentalkonstitutiver Bedeutung sein, da er mit Blick auf Sozialschutzsysteme und soziale Dienstleistungen das Kriterium der sozialen Gerechtigkeit betont. Wenngleich diese Bedeutung der Sozialpolitik indiziert ist mit einer Sozialleistungsquote von ca. 30% des BIP (je nach Abgrenzung und Messung – vgl. den Sozialbericht der Bundesregierung – ca. 900 Mrd. Euro Sozialbudget pro Jahr), so zählt die Sozialpolitik nicht unmittelbar zu den eigentlichen Themenfeldern, die hier von Interesse sind. Allerdings wird man im Lichte des Erkenntnisinteresses und der Forschungsfragestellung genau auf den Gegenstand hinschauen müssen. Sozialpolitik umfasst einerseits verschiedene Transfersysteme, aber eben auch die Systeme der personenbezogenen sozialen Dienstleistungen, die als soziale Infrastruktur verschiedener Sektoren im Raum verwirklicht werden müssen. Damit sind wir doch in der Mitte der Themenkreise sozialer Daseinsvorsorge. Ferner gehört es zur Lehr- und Forschungstradition (der Kölner Schule) der Sozialpolitik als Lehrgebiet, die wirtschaftspolitischen Aspekte der Sozialpolitik ebenso zu beachten wie die sozialpolitischen Aspekte der Wirtschaftspolitik, beide Perspektiven integrierend angesichts der Tatsache, dass Wirtschafts- und Sozialpolitik Teilgebiete der (»gestaltenden«) Gesellschaftspolitik sind. Diese Interdependenzen werden in den Feldern der (raumordnungsbezogenen) Regionalpolitik urbaner wie ruraler Räume, der sektoralen Strukturpolitik, der Wohnungs(wirtschafts)politik, der Arbeitsmarkt und Berufsbildungspolitik (überhaupt der humankapitaltheoretischen, auf die gouvernementale Idee der Employability abstellenden) Bildungspolitik (als Schlüsselfrage der sozialen Ungleichheit und sozialen Ausgrenzung insgesamt) überaus deutlich. Die Migrationspolitik ist ebenso anzuführen wie überhaupt die querschnittliche »Demographialisierung« aller Themen der Gesellschaftspolitik. Natürlich spielt auch die Gesundheitspolitik im Lichte des Workability-Dipositivs unserer Gesellschaft eine Rolle. Auch die Enbgagement(förder)politik mit Blick auf die Zivilgesellschaft spielt in die relevanten Themenfelder hinein. Sozialpolitikforschung ist nicht gleichzusetzen mit einer Soziologie sozialer Ungleichheit. Diese generiert die empirischen Befunde, aber erst eine normativ fundierte Sozialpolitikforschung – wobei der ontologische und epistemologische Status der Normativität uns zu beschäftigen hat – lässt die Befunde zu uns sprechen und sucht Antworten auf die Herausforderungen, die sich in den Befundelandschaften der Erfahrungswissenschaften spiegeln.

7.2 Regulierung

Orientierten sich die kurzen, dichten Ausführungen weiter unten im Spiegel des Capability-Ansatzes an redistributive und distributive Eigenschaften des Sozialstaates, so zählt zur sozialen Marktwirtschaft auch das ganze Regulierungsgeschehen der entsprechenden Rechtsregime und der entsprechenden institutionellen Arrangements. Es geht also um – die alte Staatsrechtslehre und Rechtsphilosophie der dualen Differenz und zugleich »Faltung« von Staat und »bürgerlicher Gesellschaft« aufgreifend – die rechtliche Normierung der Voraussetzungen und Bedingungen, unter denen Märkte funktionieren, aber auch grundrechtlich geschützte private Lebenswelten (so die Familie) ermöglicht werden. Im Schnittbereich zu den hier relevanten Themen sind z. B. die nationalen wie auch europapolitischen Felder des Verbraucherschutzes und der öffentlichen Gesundheit. Unter der Rubrik des Qualitätsmanagements haben Regulierungsregime in vielen sozialen Sektoren Eingang gefunden, ebenso wie Evaluationsregime u.a.m. Darauf ist aber weiter unten nochmals einzugehen, weil diese Themen vor dem strukturellen Hintergrund der Differenz von Gewährleistungs- und Sicherstellungsauftrag in der Staatslehre mit der Implementation von New Public Management (NPM) und der auch europarechtlich geprägten Marktöffnung und Wettbewerbsorientierung zu tun hat. Nicht auszuführen, aber angesichts der Selbstbetroffenheit komme ich nicht umhin, hier mit Bezug auf die universitäre Welt auf die analogen »Verstiegenheiten« dieses Regulierungswahns im Modus der Marktorientierten Ökonomisierung, der national wie international getriebenen wettbewerblichen Forschungsindustrialisierung auf der Grundlage der Etablierung von Geldbeschaffungsmaschinerien, der internen Bürokratisierung und externen Verrechtlichung, der Eskalation des Managementbedarfs, der verschulten Didaktik der akademischen Lehre, der engführenden Nachwuchszüchtung usw. anzusprechen.

7.3 Unternehmenstypenvielfalt

In das Zentrum hier relevanter Themenkreise, das wird im Verlauf der Ausführungen der nachfolgenden Kapitel durchgängig deutlicher, ist die Einschätzung, dass im Sinne der auf Strukturmerkmale und auf die konstitutive Sinnfunktion bezogene Unternehmensmorphologie, auf die Vielfalt der Unternehmenstypen in der sozialen Marktwirtschaft abgestellt werden muss. Dies wird eine fundamentale Rolle spielen in der Betonung der Trägervielfalt der Gemeinwirtschaft. Insbesondere öffentliche Unternehmen werden hierbei als Instrumente der Gesellschafts-, insbesondere der Wirtschafts- und Sozialpolitik verstanden (sog. Instrumentalfunktion).[187]
Gemeinwirtschaft wird im Rückgriff auf das morphologische Argument der strategischen Dominanz des Sachzielprinzips[188] (gegenüber den Formalzielen [wie die Absicht auf maximale Gewinnerzielung[189]] als Nebenziele) theoretisch fundiert.[190] Gemeinwirtschaft kann aber nun in öffentlicher, in freier (steuerfreigemeinnütziger)[191] und in genossenschaftlicher Hand betrieben werden. Private Träger können im Bereich der öffentlich relevanten widmungswirtschaftlichen Institutionen und Praktiken, z. B.[192] den Stiftungs- und somit Spendenwesens wirksam werden. Abgegrenzt von Formen der Regulierung als öffentliche Bindungen sind Formen der Selbstbindung der Privatwirtschaft denkbar und auch empirisch beobachtbar, zunehmend diskutiert im diskursiven Kontext von Corporate Social Responsibility (CSR) und Corporate Citizenship

187 Vgl. auch in Thiemeyer Th (1975) Wirtschaftslehre öffentlicher Betriebe. Rowohlt, Reinbek bei Hamburg.

188 Zur Kategorie vgl. in Kosiol E (1972) Die Unternehmung als wirtschaftliches Aktionszentrum. Rowohlt, Reinbek bei Hamburg.

189 Franz Th (2005) Gewinnerzielung durch kommunale Daseinsvorsorge. Mohr Siebeck, Tübingen.

190 Schulz-Nieswandt F (2015) Sachzieldominanz in der kommunalen Daseinsvorsorge. Eine haltungspflegerische Erinnerung. Zeitschrift für öffentliche und gemeinwirtschaftliche Unternehmen 38 (2+3): 223-231.

191 Auch dies ein europarechtliches Thema: Droege M (2010) Gemeinnützigkeit im offenen Steuerstaat. Mohr Siebeck, Tübingen.

192 Adloff F (2010) Philanthropisches Handeln. Campus, Frankfurt am Main-New York.

(CC). Auch öffentliche Unternehmen bedürfen sozialer Praktiken der Selbstbindung.[193] Auf die Themen der Third Sector-Forschung[194] und der Non Profit Organization (NPO) ist weiter unten noch zurückzukommen. Dort wird, auch im Kontext der internationalen Forschung über »varieties of capitalism«, über die Theorie der multi-sektoralen Wohlfahrtsproduktion zu sprechen sein.

7.4 Daseinsvorsorge

Das Prinzip der Daseinsvorsorge, theoriegeschichtlich hier nicht intensiver zu rekonstruieren, ist zentral für das gesamte Themenfeld, hoch interdependent mit der Vielfalt der Dimensionen und Aspekte der vorliegenden dichten Abhandlung, so z. B. mit dem soeben angesprochenen wirtschaftsmorphologischen Aspekt der Unternehmenstypenvielfalt. Weiter unten werden z. B. Fragen der Subsidiarität vor dem Hintergrund des Gewährleistungsstaatsdenkens eine strukturelle Rolle spielen in der Ordnungsarchitektur sozialer Marktwirtschaft als die deutschrechtliche Form des Bemühens um die »Zivilisierung des kapitalistischen Geistes«.

Die Idee der öffentlichen Vorsorge ist in Art. 28 GG vor dem Hintergrund von Art. 20 GG verankert und verstärkt worden durch die Rechtsregimedynamiken im EUV/AEUV im Spiegel der europäischen Sozialmodell-Idee,[195] die eben auch die sog. (wirtschaftlichen bzw. nicht-wirtschaftlichen) Dienstleistungen von allgemeinem Interesse[196] umfassen und die mit Blick auf die Inanspruchnahmechancen als Grundrecht Eingang gefunden hat in Art. 36 der Europäischen (menschrechtskonventionellen) Grundrechtscharta. In Art. 72 GG hat die Daseinsvorsorge auch einen Bezug auf die Raumordnungsfragen im Spiegel der normativen Vorgabe der »Gleichwertigkeit (nicht Gleichheit oder Einheitlichkeit) der Lebensverhältnisse im Raum«. Mögliche Rolleneinschätzungen der Europäischen Strukturfondspolitik und weiterer Kohäsionspolitikfelder seien hier nicht weiter angesprochen. Man wird Europa allerdings nicht als neoliberales Modell im Sinne freier Märkte klassifizieren können.[197] Der Neoliberalismus-Begriff ist nicht ganz einfach. Die Markteröffnungspolitik ist in der EU schon die herrschende Ideologie. Aber ebenso die Regulationsbürokratiekultur. Öffentliche Gesundheit, Verbraucherschutz, Gender-Gerechtigkeit u. a.m. zeigen, dass über die Marktgestaltungspolitik auch soziale Themen transportiert werden. Diese sind funktionalistisch der Marktlogik eingefügt. Das ist richtig. Es geht nicht primär um Sozialpolitik, sondern um die Funktionsfähigkeit von Märkten. Zugleich wurde die Sozialpolitik zunehmend neoliberalisiert in enggefügten Aktivierungskonzepten investiver Sozialpolitik. Die Literatur dazu ist Legende.

---

193 Schulz-Nieswandt F (2008) Zur Einführung: Ein Corporate Governance Kodex für das öffentliche Wirtschaften? In GÖW (Hrsg) Corporate Governance in der öffentlichen Wirtschaft. GÖW, Berlin: 7-18.

194 Dazu morphologisch auch in Schulz-Nieswandt F & Köstler U (2011) Bürgerschaftliches Engagement im Alter. Kohlhammer, Stuttgart.

195 Schulz-Nieswandt F (2012) „Europäisierung" der Sozialpolitik und der sozialen Daseinsvorsorge? Eine kultursoziologische Analyse der Genese einer solidarischen Rechtsgenossenschaft. Duncker & Humblot, Berlin.

196 Schulz-Nieswandt F (2010) The dynamics of European definition policy of health and social services as services of general (economic) interests. Zeitschrift für öffentliche und gemeinwirtschaftliche Unternehmen 33 (1): 31-43.

197 Vgl. etwa Zapka K (2019) Soziale Marktwirtschaft in der Europäischen Union. Springer VS, Wiesbaden.

Die Daseinsvorsorgepolitik ist im Kern Infrastrukturpolitik.[198] Denn es geht um die Gewährleistung der Sicherstellung von Einrichtungen und Diensten im Raum unter den Aspekten der Verfügbarkeit, Erreichbarkeit, Zugänglichkeit und Akzeptanz im physischen wie virtuellen Raum. Die gilt für die klassischen »public utilities« wie für die sozialen Felder. Anthropologisch gesehen sind Wohnen und Mobilität wichtige Ankerfunktionen in diesem Daseinsgeschehen. Bildung ist, wie schon erwähnt, im Lichte daseinskompetenzbezogener Befähigungsansätze als eine Schlüsselfrage der Chancenverteilung unserer Gesellschaft erkannt worden.

Normativ-rechtlich in der (auch im individualisierten Völkerrecht der UN-Grundrechtskonventionen naturrechtlich verankerten Axiom der »Sakralität der Person«[199] zum Ausdruck kommenden) Idee der personalen Würde (*dignity is inherent*) im Art. 1 GG werden die Strukturwerte der Selbstbestimmung, der Selbstständigkeit und der Teilhabe grundrechtlich zur Pflichtaufgabe des sozialen Rechtsstaates der Daseinsvorsorge und des Sozialschutzes. Der bereits angeführte § 1 SGB I verweist somit stringent auf Art. 2 GG.

In dieser Anthropologie des »Personalismus« jenseits der alten (und überholten) binären Ideologie von »Individualismus versus Kollektivismus«[200] verankert, ist die soziale Markwirtschaft als deutschrechtliche Variante eines „Dritten Weges“ eben nur als eine Variante in der Verfassungsvorgabe eines freiheitlichen ethischen Sozialismus einzuordnen und zu verstehen sowie in seinen Möglichkeiten und Grenzen zu »normativ skalierend zu vermessen«. Ideologiekritisch ist anzumerken, dass es für die deutsche Situation ehe typisch ist, dass der Begriff des Wohlfahrtsstaates (in der politischen Diskussion, z. T. aber auch im wissenschaftlichen Schrifttum) negativ konnotiert wird und der Begriff des Sozialstaates bevorzugt wird. Aber selbst ein Sozialstaatsdenken geht oftmals der ökonomischen Neoklassik zu weit, die das Soziale der sozialen Marktwirtschaft als Achillessehne mythisieren, wobei man ironisch nachfragen kann, ob hier altgriechische oder teutonische Mythologie rezipiert wird.

8. Unternehmenstypenvielfalt, aber in welchem Ordnungskäfig?

Die Unternehmenstypenvielfalt ist Teil des Ordnungsdenkens der sozialen Marktwirtschaft, also ein Baustein in der politischen Praxis der gestaltenden Gesellschaftspolitik, die das Soziale an der sozialen Marktwirtschaft nicht, wie eben schon persifliert, im Sinne des klassischen Mythos als Achillessehne der Marktwirtschaft versteht, sondern als eine ihrer transzendentalen Voraussetzungen.

---

198 Jellinghaus L (2006) Zwischen Daseinsvorsorge und Infrastruktur. Klostermann, Frankfurt am Main; Richter St (2018) Infrastruktur. Ein Schlüsselkonzept der Moderne und die deutsche Literatur 1848-1914. Matthes & Seitz, Berlin; Poromka W, Reif H & Schütz E (Hrsg) (2011) Versorgung und Entsorgung der Moderne. Lang, Frankfurt am Main; Harms A (2019) Infrastrukturen. De Gruyter Oldenbourg, Berlin; dazu ferner Barlösius E (2019) Infrastrukturen als soziale Ordnungsdienste. Campus, Frankfurt am Main-New York.

199 Schulz-Nieswandt F (2017) Menschenwürde als heilige Ordnung. Eine dichte Re-Konstruktion der sozialen Exklusion im Lichte der Sakralität der personalen Würde. transcript, Bielefeld.

200 Vgl. auch Weippert G (1964) Jenseits von Individualismus und Kollektivismus. Studien zum gegenwärtigen Zeitalter. Schilling, Düsseldorf. Auch Weippert war als empirischer Soziologie in der Zeit des Nationalsozialismus verstrickt. Seine Arbeit zur Daseinsgestaltungspolitik habe ich jedoch als positiv rezipierbar gelesen: Weippert G (1938) Daseinsgestaltung. Felix Meiner, Leipzig.

Unternehmenstypen sind in der Wissenschaft Gegenstand der Morphologie der Einzelwirtschaftslehre. Dabei stehen auch Unternehmen, die nicht der Sinnlogik privatwirtschaftlicher Gebilde folgen, also zur Gemeinwirtschaft zählen, im Marktgeschehen, also im Wettbewerb. Daraus erwachsen Strukturprobleme[201] der Gemeinwirtschaft, die durch das europäische Wettbewerbsrecht der Regulierung des Binnenmarktes der EU verschärft worden sind. Im Verfassungsvertragsverbund von EUV und AEUV stehend, bietet die Subsidiaritätsklausel des Art. 5 EUV wenig Möglichkeiten, (sektorale) Ausnahmemöglichkeiten aus dem Marktdenken, das geprägt ist von der obersten Rechtsidee der transparenten Gleichbehandlung als Anti-Diskriminierungs-Gebot der Binnenmarktordnung, zu generieren. Dies ist in der Formulierung der Grundfreiheiten[202] von Kapital, Arbeit, Waren und Dienstleistungen verankert. Man kann mitunter den Eindruck bekommen, dass hier Grundrechte und Grundfreiheiten in ihrer Beziehung verschwimmen. Nationale Gepflogenheiten und identitätsrelevante nationale Traditionen (man schaue in das Protokoll Nr. 26 zu den Dienstleistungen von allgemeinem Interesse im Reformakt von Lissabon) ebenso wie fiskalische Möglichkeiten mögen in die europarechtlichen und nationalstaatlichen Güterabwägungen aus Gründen der Verhältnismäßigkeit eingehen. Doch Art. 3 (3) EUV adjektiviert intentional die Effektivität sozialer Marktwirtschaft und bezieht diesen Effektivitätsvorbehalt des Sozialen der Marktwirtschaft als Funktionseigenschaft von wettbewerblichen Märkten, was sodann die Gleichbehandlung gemeinwirtschaftlicher und privatwirtschaftlicher Unternehmen »zwingend nach sich ziehend« impliziert. Dies ist in der mythisierenden Herrschaft des funktionellen Unternehmensbegriffs in diesem Rechtsauslegungsdenken und auch in der Rechtsprechungspraxis des EuGh verankert:[203] Dort, wo auch private die Leistungserstellung erledigen können, besteht die Möglichkeit zur Konkurrentenklage bei Ausgrenzung als diskriminierende Bevorzugung gemeinwirtschaftlicher Unternehmen. Dieser »Geist« beherrscht die Gesetze.

Das Denken in Subsidiaritätsordnungen kennt die deutsche Tradition des Sozialstaates bis in das System der Sozialgesetzbücher hinein. Es betrifft auf der Basis eines freiheitlich gedachten (in der Schuld- und Verantwortungsethik der christlichen Theologie verankerten) Menschenbildes die Vorrangigkeit der Selbst- vor der sog. Kollektivverantwortung, der Selbstsorge vor der Fremdsorge durch Dritte (sofern es nicht den Liebesverband privater Familiarität oder dem Barmherzigkeitsmotiv des Voluntarismus bürgerschaftlichen Engagements betrifft). Es geht im Denken der Subsidiarität, die durchaus im Lichte der verschiedenen klassischen sozialen Bewegungen von Liberalismen, Konservatismen und Sozialismen unterschiedlich eng oder weit mit Blick auf die Grenzen der Selbsthilfe und der Bedürftigkeit an transzendentaler »Hilfe zur Selbsthilfe« ausgelegt wird, so dass die notwendige Solidarität als Baustein moderner Gesellschaft in ebenso unterschiedlicher Weise Eingang findet. Schnittmengen zum Föderalismusdenken – selbst ein weites Feld – bestehen, doch sollten beide Bausteine zunächst deutlich getrennt gedacht werden. Subsidiarität denkt selbst dann, wenn das Menschenbild der Subsidiarität eine freiheitsliebende Denkart ist, somit zunächst vor allem auch die Schutzrechte der Mitglieder der

201 Anheier H k & Then V (Hrsg) (2010) Zwischen Eigennutz und Gemeinwohl. Neue Formen und Wege der Gemeinnützigkeit. Verlag Bertelsmann Stiftung, Gütersloh.

202 Klenk L (2020) Die Grenzen der Grundfreiheiten. Mohr Siebeck, Tübingen.

203 Schulz-Nieswandt F (2014) EU-Binnenmarkt ohne Unternehmenstypenvielfalt? Die Frage nach den Spielräumen (dem modalen WIE) kommunalen Wirtschaftens im EU-Binnenmarkt. Nomos, Baden-Baden.

»bürgerlichen Gesellschaft« *vor* dem Staat als bösartiger Leviathan. Auch hier wird die Archaik dieser politischen Metapher deutlich, sucht man die alttestamentlichen Wurzeln im gemeinorientalischen Kontext des vorchristlichen Altertums auf. Dennoch geht es dem gründlicheren Denken auch um den Menschen »im«, »mit« und »durch« den Staat. Aber auch diese Blickweise wirft Fragen u. a. bis hinein in die Psychoanalyse der Autoritarismusforschung in Familie, Gesellschaft und Staat auf und soll daher nur angedeutet bleiben. Die liberalistische Denkweise ist in der Grammatik ihres Ordnungsdenken von der codierenden Binärik des »Privaten versus des Öffentlichen« geprägt, die das Private zum heiligen Ort schutzbedürftiger Heiligkeit erklärt und in ihrer formell wie informell stipulierten Reinheit von der Verschmutzung öffentlicher Interventionen der Politik des Staates freihalten möchte. Das kennen wir aus dem modernen Antigone-Konflikt[204] der Güterabwägung zwischen dem Kinndeswohl als völkerrechtlich verankertes Grundrecht der Kinder im SGB VIII, aus dem die »Wächterrolle« des Staates erwächst einerseits und andererseits des im Art. 6 GG verankerten natürlichem Rechts der Eltern auf die Erziehung ihrer Kinder. Der Schutz der Privatwohnung ist daher auch entsprechend im Art. 13 GG verankert. Diese Freiheit des Privaten prägt auch die Kritik der Theorie des »Marktversagens« und verweist im Sinne eines vergleichenden institutionellen Effizienzdenkens auf das alternativ erwartete »Staatsversagen«. Die Sozialbindung des Privateigentums in Art. 14 GG macht aber zugleich das latente Spannungspotenzial des Grundgesetzes deutlich. Art. 2 GG, dem Sittengesetz von Kant nachgebildet, knüpft das Grundrecht auf freie Entfaltung der Persönlichkeit im zweiten Teil des Satzes in Abs. 1 an die Vermeidung der Sittenwidrigkeit, also, positiv formuliert, an die empathische Rücksichtnahme (quasi als Regel im Status einer verpflichtenden Metapräferenz)[205] auf das gleiche Grundrecht aller Anderen, dies als Ausdruck des kategorischen Imperativs von Art. 1 GG, auf dessen »heilige Ordnung« der Würde der Person nochmals weiter unten einzugehen sein wird. Insofern darf Art. 2 GG nicht liberalistisch verkürzt und somit verfassungswidrig ausgelegt werden. Es gibt Grenzen der individuellen Freiheit, oder, anders, positiv formuliert: Freiheit muss sittlich geordnet werden.

Das Problem wird verständlicher, wenn dieser Auslegungsdiskurs auf die Strukturwerte der Französischen Revolution als »Sattelzeit«[206] der Moderne (die allerdings auf eine viel komplexere Genealogie [auch geographisch] bis hinein in das vorchristliche Altertum – etwa im Kontext des Übergang des parochialen Altruismus des Ethos der Gruppenmoral zur universalistischen Individualethik im Alten Testament – aufweist) bezogen werden: Freiheit, Gleichheit, Solidarität. Hier muss die innere dynamische Kausalität aber verstanden werden: Solidarität ist die moralökonomische[207] transzendentale Voraussetzung (im Sinne von Art. 20 GG) der Gleichheit der Chancen aller Mitmenschen (im Sinne von Art. 2 GG) als wiederum transzendentale Voraussetzung des Wirklich-Werdens der Axioms der Würde in Art. 1 GG. Wir bewegen uns hier aber im modernen Naturrecht als Metaphysik, wie sie den Geist der UN-Grundrechtskonventionen prägt und uns in eine Ontologie des Noch-Nicht des Werden der Personali-

204 Steiner G (1990) Die Antigonen. Geschichte und Gegenwart eines Mythos. dtv, München.

205 Vgl. auch in Hirschman A O (1984) Engagement und Enttäuschung. Über das Schwanken der Bürger zwischen Privatwohl und Gemeinwohl. Suhrkamp, Frankfurt am Main.

206 Vgl. dazu Koselleck R (1972) Über die Theoriebedürftigkeit der Geschichtswissenschaft In Conze W (Hrsg) Theorie der Geschichtswissenschaft und Praxis des Geschichtsunterrichts. Klett-Cotta, Stuttgart: 10–28, hier 14 f.

207 Wegner G (2014) Moralische Ökonomie. Kohlhammer, Stuttgart.

tät als Telos der Geschichte führt, die von der Kritischen Theorie – zwischen Kritik der Faktizität und Norm sowie Utopie[208] – als skalierender Spiegel der Empirie der sozialen Wirklichkeit vorzuhalten ist.[209] Man skaliere einmal die Politik in den ost- und südosteuropäischen Mitgliedstaaten der EU oder von sog. assoziierten Beitrittskandidaten wie die Türkei an den fundamentalen Strukturwerten allein schon die Präambel des EUV.

Mit dem Denken des »Personalismus« hat sich ohnehin in anthropologischer Hinsicht ein befreiendes Ausbrechen aus dem unbrauchbaren Käfig der binären Codierung der Welt zwischen »Individualismus« und »Kollektivismus« abgezeichnet. Das Menschenbild des GG denkt einen kooperativen Menschen als Individuum mit der Fähigkeit zur Rücksichtnahme, wohlfahrtstheoretisch (das Pareto-Kriterium aufgreifend) ausgedrückt: in Verbindung mit der Vermeidung negativer Externalitäten. Damit ist eigentlich auch das von der Theorie sozialer Kosten[210] geprägte Denken sozialer, wirtschaftlicher und natürlicher Nachhaltigkeit im Menschenbild verankert, denn die Problematik der Externalität gilt auch in intertemporaler Perspektive und ist dem deutschen Diskurslandschaft im Form der Generationengerechtigkeit (das »Myopie«-Phänomen kritisch bedenkend) thematisch durchaus ja tief eingeschrieben. Der Ursprung dieses Denken liegt auch hier in der Idee der Generationenverantwortung des Alten Testaments. Doch mit dem Schwinden des Ahnenkults und mit der Metamorphose vom archaischen Denken der Zeit im ewigen Rhythmus des Kreises zugunsten der modernen Linearität des Denkens der Zeit ist diese intertemporale Verantwortungsethik erodiert, zumindest brüchig geworden.

Im Fall der Myopie als Phänomen pathologisch kurzer Zeithorizonte (Nutzen in t_0 > Kosten in t_0), so dass der Schaden später (Nutzen in t_1 < Kosten in t_1) hoch ist, ist als Problem der Zeitinkonsistenz und somit die entsprechende Rationalitätsfalle einer Blickverengung zu verstehen. Die Kausalität ist zu beachten: Weil $N > K$ und $\partial U_E > 0$ in t_1, verhält sich Ego (E) so, dass dann in t_1 $N < K$ ist und dadurch in t_1 $\partial U_E < 0$ wird. Möglich wird, dass in t_1 für Alter Ego (AE) auch $\partial_{AE} < 0$ wird.

Berücksichtigt man aber im Raum der möglichen Pareto-Lösungen auch die Problematik relativer Deprivation bei zunehmenden Wohlstandsdisparitäten, ohne das im Sinne der direkten negativen Interdependenz von Ego und Alter Ego die absolute Besserstellung von Ego

$$\partial SW/\partial U_i \geq 0 \text{ für alle } i$$

ursächlich verantwortlich (also als Nexus von Kausalität und Schuld) ist für die absolute Schlechterstellung von Alter Ego, *wenn* es also nicht zu einem Rawlsianischen Sog-Effekt im Sinne positiver Externalitäten kommt

$$\partial SW/\partial U_i > 0 \text{ für alle } i,$$

dann wird deutlich, welche Strukturbeziehungen zwischen Art. 1 und GG, der Ethik von Kant und der Wohlfahrtstheorie fairer Allokation besteht. *Wenn* als Kausalität gilt:

$$(\partial U_W > 0) \rightarrow (\partial U_L < 0),$$

208 Benhahib S (2017) Kritik, Norm und Utopie. Die normativen Grundlagen der Kritischen Theorie. Fischer, Frankfurt am Main.

209 Schulz-Nieswandt F (2020) Siegfried Katterle (1933-2019). Sein Werk im Lichte der politischen Theologie von Paul Tillich. Duncker & Humblot, Berlin.

210 Kapp K W (1958) Volkwirtschaftliche Kosten der Privatwirtschaft. Mohr Siebeck, Tübingen.

dann wird das Sittengesetz (Art. 2 GG) verletzt und letztendlich auch der kategorische Imperativ (Art. 1 GG), weil der Verlierer (L-Typus) mit dem Gewinner (W-Typus) ursächlich verknüpft ist.
Die ökonomische Problematik (Ego »lebt auf Kosten« von Alter Ego, hierbei generalisiert als der »Dritte als Symbol der Gemeinschaft«) verweist uns demnach auf moralische Verantwortungszusammenhänge angesichts der Schuld von W, die aus dem Tun von W resultiert und das Folgeproblem das Vergeltungsmotiv (V) von L generiert, dabei V projektiert auf W als Ergehensgeschehen infolge des Tuns von W. Wir stehen vor dem archaischen Problem des *Vendetta*-Phänomens[211]:

$$W \rightarrow L \rightarrow V \rightarrow W \rightarrow (\ldots).$$

Wir sind in der archaischen Anthropologie[212] (die Forschung der alttestamentlichen Rechtsgeschichte werden sich hier wiederfinden)[213] der »goldenen Regel«[214] und der aus der Religionsphänomenologie des »do ut des«-Gebotes der Reziprozität angekommen.
Eine Ausnahme vom Verbot der Schlechterstellen des Mitmenschen durch die Besserstellung des eigenen Selbst bestünde legitimer Weise u. U. in einer inter-temporalen Sicht, aber nur dann nämlich, wenn L von t_1 in t_2 in den Sog von W von t_1 kommt:

$$(\partial\, U_W > 0)_{t1} \rightarrow (\partial\, U_L < 0)_{t1} \rightarrow (\partial\, U_W > 0)_{t2} + (\partial\, U_L > 0)_{t2}.$$

Doch insgesamt gesehen, machen diese Ausführungen deutlich: Der schlecht durchdachte Mythos von der *oeconomica pura* (als Wissenschaft der von der Werteproblematik bereinigten Effizienz)[215] zerplatzt wie eine Seifenblase: Ökonomik als »Moralwissenschaft« (Kenneth E. Boulding)[216] ist eine Wissenschaft von dem Gelingen oder dem Scheitern der Wahrheit gelingenden Miteinanders und somit in ihrem innersten epistemologisch fassbaren Kern eine Frage der Ethik des »guten Lebens« in der auf der kulturellen Formung zur Person (*Paideia*) basierenden Polis.
Hier nun geht es um die Subsidiarität in einem wirtschaftsordnungsrechtlichen Sinne. Dazu müssen wir an die bereits erwähnte Differenz zwischen Gewährleistung und Sicherstellung anknüpfen, die das moderne Sozialrechtsdenken in Deutschland prägt, aber eben auch die Grundzüge der modernen Staatslehre. Vorzugswürdig sei der Gewährleistungsstaat, der die Erledigung öffentlicher Aufgaben an vor-staatliche Akteure delegiert und somit die Öffnung der wettbewerblichen Sicherstellung durch Märkte ermöglicht. Öffentliche Aufgaben sind in diesem Theoriekontext dem Grunde nach anerkannt. Das ist eben auch europarechtlich durch die Verankerung des Grundrechts auf freien Zugang zu den Dienstleistungen von allgemeinem Interesse im Sinne des Art. 36 der Europäischen Grundrechtscharta infolge der mehrfachen Veranke-

211 Grutzpalk J (200) Blood Feud and Modernity. Max Weber's and Émile Durkheim's Theory. Journal of Classical Sociology (2): 115–134.
212 Assmann J (2020) Achsenzeit. Eine Archäologie der Moderne. Beck, München; Armstrong K (2006) Die Achsenzeit. Vom Ursprung der Weltreligionen. Siedler, München.
213 Otto E (2002) Gottes Recht als Menschenrecht. Rechts- und literaturhistorische Studien zum Deuteronomium. Harrassowitz, Wiesbaden.
214 Dihle A (1962) Die Goldene Regel. Eine Einführung in die Geschichte der antiken und frühchristlichen Vulgärethik. Vandenhoeck & Ruprecht, Göttingen.
215 Felber Chr (2019) This is not economy. Aufruf zur Revolution der Wirtschaftswissenschaft. Zsolnay, Wien.
216 Vgl. auch Boulding K E (1976) Ökonomie als Wissenschaft. Piper, München.

rung der Charta in EUV und AEUV europaverfassungsrechtlich gestärkt worden. Das Gewährleistungsstaatsdenken ist verknüpft mit der Anerkennung der Regulierung von Märkten und auch mit re-distributiven Staatsaufgaben im Sinne verschiedener Wohlfahrtsstaatstypen. Die öffentliche Daseinsvorsorge des Art. 28 GG kehrt also im europäischen Denken im Sinne der Dienstleistungen von allgemeinem Interesse als Baustein eines europäischen Sozialmodells[217] wieder auf. Insofern kann man sich fragen, ob der Neoliberalismus-Vorwurf (sicherlich eine Frage der schwierigen konsensfähigen Begriffsbildung in der Geschichte: Alt-Liberalismus, Frühliberalismus, Sozialliberalismus, Wirtschaftsliberalismus, politischer Liberalismus, Manchester-Liberalismus, Neoliberalismus, ORDO-Liberalismus, egalitärer Liberalismus etc.) in Bezug auf den Binnenmarkt der EU wirklich stimmig ist. Dies gilt vor allem, wenn man sich die Regulierungsdynamik der EU-Kommission anschaut und auch die flankierende Rechtsprechung durch den EuGH. Marktöffnung scheint hier eher das Ziel einer marktkonformen[218] demiurgischen Brüsseler Regulierungszentrale zu sein,[219] die einen konfliktreichen »Harmonisierungsdruck« nationaler Politikpraktiken generiert.

Damit ist die ganze dynamische Komplexität des europäischen Wettbewerbsrechts und somit das Ausschreibungswettbewerbsrecht, das Vergabe- und Beihilferecht und das – zuletzt auf die Privatisierung der Wasserwirtschaft abzielende[220] – Dienstleistungskonzessionsrecht[221] in den Mittelpunkt der Problemsichtung gerückt.[222]

Das politische System der Gewährleistungsstaatlichkeit, längst den Staat nicht mehr als Zentrum einer Regierungslehre verstehend, delegiert die Erledigung von als öffentlich relevant definierte Aufgaben an Quasi-Märkte. Dies meint die vertikale Subsidiarität: Vorrang der Privaten vor der öffentlichen Hand, nicht bezogen auf die Politik der Zielsetzung öffentlicher Aufgaben, aber in Bezug auf die Modalitäten ihrer Erledigung, also mit Blick auf das Marktdesign. Der Design-Begriff, der in der neueren Behavioral Economics Eingang gefunden hat, ist z. T. ein Beispiel für die neuere Ästhetisierung des kapitalistischen Geistes und des Fetischismus des Markteffizienzdenkens.

Aus der vertikalen Subsidiarität folgt sodann die Ordnung der horizontalen Subsidiarität: Vorrang der nicht-staatlichen Unternehmen vor öffentlichen Unternehmen (Inhouse-Lösungen), wobei freie und private Träger wettbewerbspolitisch gleich (also ohne Diskriminierung) behandelt werden müssen, insbesondere im obligatorischen Ausschreibungswettbewerb, der anderen Lösungen wie dem Betrauungsakt und verwandte Formen der marktorientierten Direktvergaben vorzuziehen sei. Die Rechtsprechung des EuGH in Fragen der Inhouse-Regelungen[223] macht

217 Möhle M (2020) Europäische Sozialpolitik. Eine Einführung. Springer VS, Wiesbaden.

218 Züll Th (2014) Regulierung im politischen Gemeinwesen. Mohr Siebeck, Tübingen.

219 Schulz-Nieswandt F (2013): Das Privatisierungs-Dispositiv der EU-Kommission. Duncker & Humblot, Berlin.

220 Schulz-Nieswandt F (2011) Öffentliche Daseinsvorsorge und Existenzialismus. Eine gouvernementale Analyse unter besonderer Berücksichtigung der Wasserversorgung. Nomos, Baden-Baden.

221 Vgl. dazu auch Möllnitz Chr (2016) Die Vergabe von Konzessionsverträgen nach § 46 Abs, 2 EnWG im Spannungsfeld zwischen Wettbewerb und kommunaler Daseinsvorsorge. Mohr Siebeck, Tübingen.

222 Vgl. auch Schulz-Nieswandt F (2011) Berufsgenossenschaften und Europarecht. Eine sozialökonomische Analyse. Duncker & Humblot, Berlin.

223 Schulz-Nieswandt F & Mann K (2010) Das doppelte Ideologem: Inhouse ohne Defizite oder privat? Öffentliche (kommunale) Krankenhäuser als Akteure der Daseinsvorsorge im Kontext des europäischen Rechts und das nationale Privatisierungs-Dispositiv. In Kurscheid C (Hrsg) Die zukünftige Rolle öffentlicher Krankenhäuser im Gesundheitswesen. Nomos, Baden-Baden: 120-129.

deutlich, welche (soziologisch unsinnige, zumindest problematisierbare) Reinheitskultur hier gedacht wird: Nur 100%-reine öffentlichen Unternehmen in der direkt durchgreifenden dienstrechtlichen Regie der öffentlichen Hand sind wettbewerbsrechtlich ausnahmefähige Gebilde. Auf öffentliche Sektorausnahmen wie ein öffentliches Gesundheitswesen ist gleich nochmals kurz zurückzukommen. Die schon geringfügige Beteiligung privaten Kapitals – also Formen der Gemischtwirtschaftlichkeit[224] – wird schon als strategische Allianz ausgelegt und erzwingt so die Ausschreibungspflicht. Und im Rahmen der Ausschreibung wiederum sind freigemeinnützige Unternehmen nicht zu bevorzugen gegenüber privatwirtschaftlichen Anbietern.

Der Staat – auch als Wohlfahrtsstaat – wird in seiner so definierten Garantenfunktion zum transaktionkostenintensiven Kontraktmanager. Das ihm dabei die Idee des integrierten Qualitäts-Preis-Wettbewerbs verkümmert zum Billigkeitswettbewerb, der einerseits Qualitätsdumping fördert, andererseits, viel arger, die Sachzielorientierung der Daseinsvorsorge dominieren lässt von trivialen Interpretationen in der Auslegung des Wirtschaftlichkeitsprinzips (Input-Output-Effizienz statt Kosten-Effektivität)[225] ist ein eigenständig zu beanstandendes Problem.

Was hier rekonstruktiv beschrieben wird, sind die Pfade in die formale Privatisierung öffentlicher Aufgaben im Zuge marktorientierter Modalitäten des »Wie« der Erledigung der öffentlichen Aufgaben. Materielle Privatisierung als Abschaffung der öffentlichen Aufgaben ist dem Grunde nach damit nicht anvisiert. Dennoch hat die Kontroverse um echte oder unechte Staatsaufgaben eine lange Tradition der nationalökonomischen Dogmengeschichte, eine Geschichte, die diesen, an die Theologie erinnernden Namen auch vollauf verdient. Und die Gefahr, dass die wettbewerbliche Marktorientierung schleichend eine Entmaterialisierung in der politischen Teleologie des Staates bewirkt, ist angesichts des geistlosen Billigkeits-Wettbewerbs nicht von der Hand zu weisen. Wie »des Pudels Kern« bei Goethe taucht im Niedergang des öffentlichen Geistes daimonisch der private Geist des mentalen kognitiven Kapitalismus auf und füllt in maligner Art und Weise kolonialisierend die Sinnlücke. Selbst die Möglichkeiten, die die europäische Rechtsprechung der Praxis vertragsfremder Ziele im Kontraktmanagement ermöglicht, wird von der Politik infolge ihrer marktideologischen Orientierung oder auch schlicht infolge ihrer Mut- und Phantasielosigkeit[226] oftmals nicht optimal genutzt.

So findet eine Privatisierung der Gesellschaft und ihrer Wirtschaft statt, dergestalt, als könne das Gemeinwohl additiv in der Summe privater konsumtiver Präferenzen der Individuen bestehen, verkennend, dass der additive Utilitarismus einerseits ethisch nicht haltbar ist,[227] andererseits verkennend, dass es bei der Bildung des Gemeinwohls um synthetische Akte geht, die Selbstveränderungsprozesse in der reziproken Rolle als Mitmensch der Gesellschaftsmitglieder benötigen, es also um eine »Miteinderverantwortung« geht, die sich nicht auf private Konsumgüter bezieht, sondern auf die gelingende Polis des sozialen Miteinanders des Menschen bezogen sein muss, bezogen auf den Menschen »in der Rolle des Mitmenschen« (Karl Löwith), der

224 Papenfuß U & Reichard Chr (Hrsg) (2016) Gemischtwirtschaftliche Unternehmen. Nomos, Baden-Baden.
225 Schulz-Nieswandt F (2016) Sozialökonomie der Pflege und ihre Methodologie. Nomos, Baden-Baden.
226 Maahs I-M (2019) Utopie und Politik. Potenziale kreativer Politikgestaltung. transcript, Bielefeld.
227 Schulz-Nieswandt F (2020) Gefahren und Abwege der Sozialpolitik im Zeichen von Corona. Zur affirmativen Rezeption von Corona in Kultur, Geist und Seele der „Altenpolitik". Berlin. https://kde.de. Ausgebreitet demnächst in Schulz-Nieswandt F (2021) Der alte Mensch als Verschlusssache. transcript, Bielefeld.

von der philosophischen Anthropologie in ontologischer Weise nicht als Atom, sondern kooperativ als soziales Molekül verstanden wird.
Die Themen der öffentlichen Aufgaben betreffen die wirtschaftliche, soziale und kulturelle Infrastruktur als transzendentale Tiefengrammatik des kohärenten Gelingens einer kohäsiven Gesellschaft des Miteinanders.[228] Diese Infrastruktur ist ein öffentliches Gut, dass öffentlich auch sichergestellt werden muss. Es ist ein politisches, kein marktökonomisches Gut.[229] Diese Einschätzung ist Teil eines Zivilisationsmodells eines sozialen Rechtsstaates, der die existenziell bedeutsame Daseinsvorsorge[230] nicht kommerzialisiert, sondern in der Hand der demokratischen Souveränität belässt. Das wird uns noch als Thema der Kommunalisierung beschäftigen.

9. Was wir nicht haben (sind): Duale Wirtschaft

Trotz und auch gerade wegen der Unternehmenstypenvielfalt ist Deutschland morphologisch nicht geprägt von einer Strukturentscheidung zugunsten einer dualen Wirtschaft,[231] in der ganze (soziale) Sektoren (z. B. Cure und Care) aus der Herrschaft der marktwirtschaftlichen Logik mit ihrer endogenen transgressiven (transformativen, mutativen) Dynamik im »Spinnennetz des kapitalistischen Geistes« herauszunehmen wären. Das Feld ist binär codiert und strukturiert angeordnet:

Privatwirtschaft ← : → Gemeinwirtschaft = Formalzieldominanz ← : → Sachzieldominanz

Sektorale Ausnahmebereiche wie ein öffentliches Gesundheitswesen sind denkbar, aber im Kräftefeld der hegemonialen Ordnung nicht am Horizont des Möglichen und kollektiv Gewollten erkennbar. Die Diskussion verläuft eher in Richtung auf Netzwerkbildungen strategischer »weak ties«-Kulturen im Sinne regionaler Verbundsysteme, z. T. flankiert in der genossenschaftsorientierten Forschung durch Beispiele von Regionalwährungen.[232] Die Erkenntnis wächst,[233] dass eine Sozialraumbildung als Sozialkapitalbildung[234] auf transzendentalen Vertrauenskapitalvorschüssen[235] beruht (was aus psychodynamischer Sicht erhebliche Vorausset-

228 Kersten J, Neu C & Vogel B (2019) Politik des Zusammenhalts. Über Demokratie und Bürokratie. Hamburger Edition, Hamburg.
229 Foundational Economy Collective (2019) Die Ökonomie des Alltags. Für eine neue Infrastrukturpolitik. Suhrkamp, Frankfurt am Main.
230 Schulz-Nieswandt F (2010) Daseinsvorsorge und existenzielle Angst des Menschen. In Jens U & Romahn H (Hrsg) Methodenpluralismus in den Wirtschaftswissenschaften. Metropolis, Marburg: 213-245.
231 Ritschl H W (1931) Gemeinwirtschaft und kapitalistische Marktwirtschaft. Zur Erkenntnis der dualistischen Wirtschaftsordnung. Mohr, Tübingen.
232 Degens P (2019) Geld als Gabe. Zur sozialen Bedeutung lokaler Geldformen. transcript, Bielefeld. Vgl. auch Mauss M (2015) Schriften zum Geld. Suhrkamp, Berlin.
233 Priddat B P (2006) Gemeinwohlmodernisierung. Metropolis, Marburg.
234 Landhäußer S (2009) Communityorientierung in der Sozialen Arbeit. Die Aktivierung von sozialem Kapital. Vs, Wiesbaden.
235 Wegner G (2019) Transzendentaler Vertrauensvorschuss. EVA, Leipzig.

zungen generiert)[236] und den Charakter von ideenpolitischen »Issue«-Netzwerken annehmen muss, die also auf kollektiv geteilten Ideen beruhen, die wiederum die (auf »strong[er] ties« abzielenden) Bahnungen vorgeben, in denen sich auch wirtschaftliche Interessen kulturell einbetten lassen.[237] »Cultural embeddedness«[238] in Bezug auf »cultures of relatedness«[239] meint eben kulturgrammatisch etwas Tieferes als ein strategisches »social connectedness«.[240]

Interessant ist die neuere Kontroverse um den Willen des österreichischen Bundeslandes Burgenland, das mit einer gewissen Übergangszeit in der Care-Versorgungslandschaft nur noch gemeinnützige Unternehmen nutzen will. Sollte sich hier eine Art von dionysischer[241] – also transgressiver – Sprungbereitschaft[242] in der pfadabhängigkeitsüberschreitenden Transformation der Ordnungswelt im Burgenland abzeichnen? Es kam sogar zur Anfrage im Deutschen Bundestag. Natürlich dominieren die verfassungsrechtlichen Debatten. Man wird hier realistisch bleiben müssen. Aber dass es zu dieser Ideenartikulation, zu dieser dionysischen Willensbekundung, zu dieser ordnungspolitischen Ekstase kommen kann, ist ein Lichtblick in der politischen Landschaft. Kapitalismuskritik – auch auf hohem Niveau der soziologischen Theorie,[243] wenngleich unterschiedlich[244]an die Tradition Kritischer Theorie anknüpfend – ist wieder in der Diskursarena in die Agenda-Bildung aufgekommen worden.[245] Dabei wird der Blick auch auf die Metamorphosen des Kapitalismus[246] geworfen. Wenngleich die früher schon geprägte Begrifflichkeit um die »neue Unübersichtlichkeit« auch hier zutrifft: Sollte es reale Utopien[247] als Auswege aus dem Kapitalismus geben? Oder »Postkapitalismus«[248]? Oder »Sozialer Kapitalismus«[249]?

---

236 Schulz-Nieswandt F (2013) Der inklusive Sozialraum. Psychodynamik und kulturelle Grammatik eines sozialen Lernprozesses. Nomos, Baden-Baden; Schulz-Nieswandt F & Brandenburg H (2015) Barrieren und Möglichkeiten der Kommune als vernetzter Sozialraum. Sozialer Fortschritt 64 (5): 104-110.

237 Vgl. auch Pastoors S & Ebert H (2019) Psychologische Grundlagen zwischenmenschlicher Kooperation. Springer VS, Wiesbaden.

238 Polanyi K (1979) Ökonomie und Gesellschaft. Suhrkamp, Frankfurt am Main.

239 Janet Carsten J (Hrsg) (2000) Cultures of relatedness. New approaches to the study of kinship. Cambridge University Press, Cambridge-New York.

240 Putnam R (2000) Bowling Alone: The Collapse and Revival of American Community. Simon & Schuster, New York.

241 Schulz-Nieswandt F (2017) Heterotope Überstiege in der Sozialpolitik im Namen des *homo patiens*. Überlegungen zu einer onto-theologischen Rechtfertigung des Menschen in der Rolle des Mitmenschen. In Jähnichen T u. a. (Hrsg) Rechtfertigung – folgenlos? Jahrbuch Sozialer Protestantismus Bd. 10 (2017). EVA, Leipzig: 187-208.

242 Schulz-Nieswandt F (2015) „Sozialpolitik geht über den Fluss". Zur verborgenen Psychodynamik in der Wissenschaft von der Sozialpolitik. Nomos, Baden-Baden.

243 Dörre, K, Lessenich St & Rosa H (2013) Soziologie – Kapitalismus – Kritik. Eine Debatte. Suhrkamp, Frankfurt am Main.

244 Heim T (2013) Metamorphosen des Kapitals. transcript, Bielefeld.

245 Vgl. u. a. Reckwitz A (2919) Das Ende der Illusionen. Politik, Ökonomie und Kultur in der Spätmoderne. Suhrkamp, Frankfurt a Main.

246 Eickelpasch R, Rademacher C & Lobato Ph R (Hrsg) (2008) Metamorphosen des Kapitalismus – und seiner Kritik. VS, Wiesbaden.

247 Wright E O (2017) Reale Utopien. Wege aus dem Kapitalismus. 3. Aufl. Suhrkamp, Berlin.

248 Mason P (2018) Postkapitalismus. Grundrisse einer kommenden Ökonomie. Suhrkamp, Berlin.

249 Collir P (2019) Sozialer Kapitalismus. 3. Aufl. Siedler, München.

10. Diskurs-Theoreme im Hintergrund

Nimmt man auch die Tiefe einer Diskurslandschaft als Hintergrund, so sind verschiedene Theoreme in Hintergrund wirksam. Hierzu zählt die Ideologie der Ineffizienz gemeinwirtschaftlichen Handelns. Sie hat keine wissenschaftliche Evidenz, die diese Verallgemeinerung begründen kann. Aber sie ist wie ein Verblendungseffekt wirksam in den Köpfen der Menschen. In diesem Sinne hat sich eine Neoliberalisierung als Einschreibung in Geist, Seele, Körper der Menschen in »maligner« Weise ausgebreitet. Es gehört zu den aktualisierten Klassiker-Themen, das mentale System des Kapitalismus als Religion zu verstehen. Der Fetisch-Charakter der Warenproduktion, der Animismus der kaufbaren Dinge als Objekte der Begierde des Haben-Wollens, die Ästhetisierung der Marketingzauberwelt, die Subjektivierungsformationen in Kultus und Ritus im Konsum und seinen zeremoniellen Ordnungen im performativen Alltag der Selbstinszenierung (im Selfie,[250] wie ethnographische Studien zeigen können, längst in symbolischer Signatur verdichtet), die den Primitivismus der Liturgie der modernen Welt, die einst im Kolonialismus dem Ganz Anderen zugeschrieben wurde, verdeutlichen.

Die Bilanz des globalen Turbo-Kapitalismus der Zerstörung der Lebenswelten sieht nicht gut aus, skaliert man die soziale Wirklichkeit der exkludierenden Zentrum-Peripherie-Muster[251] in der Sozialstruktur und den Raumordnungen an der »Sakralität der Person«, die im Art. 1 GG verbürgt ist und im inklusiven Völkerrecht im Term »dignity is inherent"« zum Ausdruck gebracht wird.[252]

Nun nimmt die öffentliche Hand bereits die Hälfte des BIP an sich und verwandelt davon mehr als die Hälfte in die Gestalt des Sozialbudgets: Und dennoch gilt der alte Befund „Öffentliche Armut bei privatem Reichtum". Die binäre Logik ist das Problem: Öffentlicher Reichtum kann ja zum privaten Glück (zumindest Zufriedenheit) führen bzw. zumindest beitragen, wenn »das Soziale im Miteinander« als gesichert erfahren wird.

Im Bereich des öffentlichen Wirtschaftens trieb das Problem des Kapitalmangels die Daseinsvorsorge in den Sündenfall der Gemischtwirtschaftlichkeit, die nun im oben skizzierten Binnenmarktwirtschaftsrecht zum Käfig geworden ist, aus der sich die öffentliche Daseinsvorsorge nicht souverän befreien kann, sondern gewährleistungsstaatlich die Geschäfte den regulierten Märkten überlassen muss. Jetzt wird man die Geister nicht los, die man da gerufen hatte.

Die Ursünde der Gemischtwirtschaftlichkeit[253] öffentlichen Wirtschaftens, auch in diversen Formen der institutionellen und/oder finanziellen Public-Private-Partnership-Modellen

250 D'Eramo M (2018) Die Welt der Selfies. Eine Besichtigung des touristischen Zeitalters. Suhrkamp, Berlin. Ferner Gojny T, Kürzinger K S & Schwarz S (Hrsg) (2016) Selfie – I like it. Anthropologische und ethische Implikationen digitaler Selbstinszenierung. Kohlhammer, Stuttgart. Angekündigt: Reichert R (2020) Selfies – Selbstthematisierung in der digitalen Bildkultur. transcript, Bielefeld.

251 Die Idee geht u. a. zurück auf Perroux: vgl. auch Perroux F (1961) Feindliche Koexistenz. Curt E. Schwab, Stuttgart.

252 Schulz-Nieswandt F (2016) Inclusion and Local Community Building in the Context of European Social Policy und International Human Social Right. Nomos, Baden-Baden.

253 Vgl. Papenfuß U & Reichard Chr (Hrsg) (2016) Gemischtwirtschaftliche Unternehmen. Nomos, Baden-Baden.

(PPP),[254][255] hat den Gewährleistungsstaat in Formen des kooperativen Staat geleitet, in der er in diesen konkreten empirischen Politik sein Wesen als Staat (damit das Prinzip des Politischen) ausverkauft hat.

An diesem Problem der Frage der Kapitalbeschaffung, die eine Antwort verlangt, kommt die Idee der Freigemeinnützigkeit als gesamtwirtschaftliches Modell nicht vorbei, eine Frage, die schon im 19. Jahrhundert die Problematik der Rolle des Staates in der Förderung der Gemeinwirtschaft, der eigenen öffentlichen Unternehmen, der freien Träger und auch der gemeinwirtschaftlich gesinnten Genossenschaften kontrovers diskutierte.[256]

Eine solche gemeinnützige Wirtschaftsform würde im Sinne der Gemeinwirtschaft als Ordnungsprinzip[257] Gewinne erwirtschaften, um sie sodann sachzielorientiert und bedarfswirtschaftlich denkend zu reinvestieren, zeitnah und satzungsgemäß im jeweiligen öffentlichen Interesse. Folgt die Fremdkapitelbeschaffung eben in kapitalgesellschaftlicher Rechtsform in der monetären Welt des globalen kapitalistischen Bankensystems, also im Modus der Shareholder Value-Ökonomik, so wird die Renditeerwartung als Dividende die Sachzielpolitik dominieren. Gemeinwirtschaft bedeutet nicht Gewinnverzicht. Es kommt vielmehr auf die humanen Bedingungen der Gewinnerzielung und sodann auf die Sachzielorientierung der Gewinnverwendung im öffentlichen Interesse an. Warum sollte die potenzialorientierte und somit eine monetäre Inflation vermeidende Geldmengenpolitik eigentlich der Volkswirtschaft das Geld nur über den Geschäftsbankensektor zufließen lassen? Die Geldmengensteuerung könnte auch über die Finanzierung öffentlicher Aufgaben dem volkswirtschaftlichen Kreislauf zugänglich werden. Einen solchen Vorschlag hatte ein deutscher Finanzwissenschaftler vor wenigen Jahrzehnten gemacht; er erhielt u. a. bedrohliche Briefe aus seiner Zunft.

11. Strukturelle Trends am Beispiel des Pflegesektors

Das geschilderte Problem der Dominanz rendite-orientierter Privatwirtschaft lässt sich als Emergenz transnationaler Kapital-Anleger-Modelle und Erosion der freigemeinwirtschaftlichen Träger exemplarisch im Bereich der Langzeitpflege aufzeigen. Renditeversprechen in der Kapitalakquise in der Welt des von Renditebegierde geprägten anlagebereiten Vermögens führt dem Grunde nach in die Erosion der Dominanz der Sachzielorientierung.[258]

Das wirft in der aktuellen Pflegereformdebatte,[259] die sich um das SGB XI herum entfaltet, Rechtsregimefragen in Bezug auf die Steuerung der sozialraumorientierten Versorgungslandschaften als Infrastruktur auf. Mag die Bilanz der Dynamik des Leistungsrechts in den SGB XI-

254 Schäfer M & Rethmann L (2020) Öffentlich-Private Daseinsvorsorge (ÖPD) in Deutschland. Springer VS, Wiesbaden.

255 Rügemer W (2011) »Heuschrecken« im öffentlichen Raum. Public Private Partnership – Anatomie eines globalen Finanzinstruments. transcript. Bielefeld.

256 Schulz-Nieswandt F (2020) Die Genossenschaftsidee und das Staatsverständnis von Hermann Schulze-Delitzsch (1808-1883) im Kontext des langen 19. Jahrhunderts der Sozialreform. Duncker & Humblot, Berlin.

257 Thiemeyer Th (1970) Gemeinwirtschaftlichkeit als Ordnungsprinzip. Duncker & Humblot, Berlin.

258 Schulz-Nieswandt F. (2020) Der Sektor der stationären Langzeitpflege im sozialen Wandel. Eine querdenkende sozialökonomische und ethnomethodologische Expertise. Springer VS, Wiesbaden.

259 Schulz-Nieswandt, F. (2020): Pflegepolitik gesellschaftspolitisch radikal neu denken. Gestaltfragen einer Reform des SGB XI. Grundlagen, Kontexte, Eckpunkte, Dimensionen und Aspekte. Berlin. https://kde.de.

Reformen auch durchaus in Grenzen positiv ausfallen. Der »Kafkaismus« des Qualitätsmanagement fixierten Ordnungsrechts des Wächterstaates[260] ist weitgehend eine Strukturqualitätspolitik, die kaum ergebnisorientiert wirksam ist. Es geht um ein strukturkonservatives Hineinpumpen von Geld in pfadabhängiger Weise, die dergestalt an den Wertevorgaben der inklusiven Rechtsregime (Würde und ihre Konkretisierung im Modus selbständiger Selbstbestimmung im teilhabeorientierten Sozialraum) weitgehend vorbeigeht. Es fehlt sodann, und das ist von fundamentalkonstitutiver Bedeutung, an effektive Steuerungsmöglichkeiten als Governance kommunaler Versorgungslandschaften. Hier sind gravierende Unterentwicklungen und Fehlentwicklungen im Vertragsrecht zu konstatieren. Das sind Probleme – vor allem: Grenzen – der Kommunalisierung der Steuerung in der föderalen Figuration: Denn im Rahmen der im Zwei-Kammer-System zu implementierenden Bundesgesetzen der Pflegepolitik kommt den eigengesetzlichen Ländern die Aufgabe zu, die Infrastruktur (§ 9 SGB XI) zu gewährleisten. Pflegepolitik als gesamtgesellschaftliche Aufgabe gemäß § 8 SGB XI setzt mit Blick auf die Steuerung passungsgerechter Versorgungslandschaften voraus, die Kommunen hierzu zu ermächtigen und auch zu befähigen. Dabei wäre auch eine sozialraumorientierte Transformation der medizinischen Primärversorgung[261] im Geltungsbereich des SGB V zu betreiben, die sich sodann transsektoral mit der Pflegepolitik integriert. Auch die sog. „Behindertenhilfe"[262] muss hier integriert eingebunden werden. Mit den Ankerfunktionen von Wohnen und Mobilität wird sodann zugleich deutlich, dass Pflegepolitik Teil der Sozialpolitik als Teil der gestaltenden Gesellschaftspolitik ist, da sich die Emergenz der hierzu bedeutsamen Rollen anderer Politikfelder (Raumordnungspolitik, Verkehrspolitik, Wohnungsmarktpolitik, Familien- und Genderpolitik, Einkommens- und Vermögenspolitik, Arbeitsmarkt- und Berufsbildungspolitik) abzeichnet.

12. Allmende als Commons: Rückkehr reiner öffentlicher Güter als Ausnahmebereiche

Das Thema der Allmende ist ein universalhistorisches Phänomen, hat den Menschen immer schon beschäftigt seit der neolithischen Revolution[263] in der sozialen Evolution.[264]
Denn mit dem Beginn der Urbanität und der sich ergebenen Dichte des Zusammenlebens stellten sich fundamentale Ordnungsfragen in Bezug auf die Regeln des sozialen Zusammenlebens. Es ist die Geburtsstunde der »goldenden Regel«, die ihren Siegeszug in der Zivilisationsgeschichte (auch in den Wohlfahrts- und Gerechtigkeitsvorstellungen der Religionsgeschichte als Rechtsgeschichte politischer Theologie) bis zu Kant und den Art. 1 und 2 des bundesdeutschen

260 Schulz-Nieswandt F (2020) Der Gewährleistungsstaat zwischen Wächterfunktion und Innovationsinkubator. Springer, Wiesbaden (i. D.).

261 Schulz-Nieswandt F (2020) Pflegereform reicht nicht: Radikale Strukturreform der medizinischen Versorgung ist ebenso notwendig! Gegen strukturkonservative Kapazitätspolitik der Corona-Krise. KDA (Hrsg, Schulz-Nieswandt F u. a.) ProAlter 52 (2): 7-8. Ferner: Schulz-Nieswandt F (2010) Medizinkultur im Wandel? Duncker & Humblot, Berlin.

262 Schulz-Nieswandt F (2016) Hybride Heterotopien. Metamorphosen der „Behindertenhilfe". Ein Essay. Nomos, Baden-Baden.

263 Parzinger H (2026) Die Kinder des Prometheus. Eine Geschichte der Menschheit vor der Erfindung der Schrift. 5., durchgeseh. Aufl. Beck, München.

264 Childe V G (1968) Soziale Evolution. Suhrkamp, Frankfurt am Main.

GG fortgeführt hat. Es ist aber, damit verbunden (wie auch heute Positionen der Wirtschafts- und Unternehmensethik[265] aus der allgemeine Ethik der praktischen Philosophie deduziert werden, in kognitionswissenschaftlicher Sicht auch nicht von der theoretischen Philosophie trennbar sind), auch die Geburtsstunde grundlegender Fragen der Wirtschafts- und Sozialordnung. Es sind aber ferner auch die frühen Ursprünge des possessiven Individualismus als Funktionsnexus von Privateigentum, Patriarchalismus und Gewalt als Modus der Aneignung und Verteidigung des individualisierten Besitzes.

In Formen der genossenschaftlichen Nutzung ist sodann die Allmende als Gemeinnutzungseigentum als Archetypus immer wieder präsent und in Formen einer Erinnerungskultur aus dem kollektiven Gedächtnis nicht zu eliminieren. Der Polis-Gedanke verweist auf jene Möglichkeit der sozialen Lernprozesse, die letztendlich Elinor Ostrom[266] den Nobelpreis eingebracht hat, nämlich die Idee, dass der Mensch als *zoon politikon*[267] im Modus der politischen Selbstverwaltung in selbstorganisierter »Miteinanderverantwortung« existenzielle Güter mit öffentlichem Relevanzcharakter (in der Religions- und Kulturgeschichte geradezu ein klassischer Archetypus: Wasser) jenseits von Staat als Form politischer Herrschaft[268] in der Tradition des vertikalen Urtyps des sakralen Königtums[269] einerseits und andererseits jenseits der Marktlogik des sozialen Austausches privatisierter Verfügungsrechte echte Gemeinschaftsgüter (modern: »Commons«) effektiv und nachhaltig bewirtschaften können.

13. Auf dem Weg zur 5-Sektoren-Theorie?

Seit meinem 2008er Aufsatz zur Morphologie des »Dritten Sektors«,[270] auf den ich dann meine Theorie der Vier-Sektoren-Wohlfahrtsproduktion aufgebaut habe, thematisiere ich den (modelltopographisch: »Dritten«) Sektor der Non-For-Profit-Wirtschaft unter Einbezug von Formen des bürgerschaftlichen Engagements[271] als lokalisiert zwischen (vereinfacht gesprochen) Staat, Markt und Familie.[272] In der Commons-Debatte kommt nun eine 5-Sektoren-Idee auf, weil die Kultur der Allmende jenseits der Logik von Staat, Wirtschaft und Familie liegt und sich auch nicht mit »Sozialwirtschaft im Markt« deckt. Die Allmende ist jenseits des wettbewerblichen Marktes angesiedelt.

---

265 Vgl. Aaken D v & Schreck Ph (Hrsg) (2015) Theorien der Wirtschafts- und Unternehmensethik. Suhrkamp, Berlin.

266 Ostrom J (1999) Die Verfassung der Allmende. Jenseits von Staat und Markt. Mohr Siebeck, Tübingen.

267 Benhabib S (2006) Hannah Arendt – Die melancholische Denkerin der Moderne. 2. Aufl. Suhrkamp, Frankfurt am Main.

268 Schulz-Nieswandt F (2019) Person – Selbsthilfe – Genossenschaft – Sozialversicherung – Neo-Korporatismus – Staat. Nomos, Baden-Baden.

269 Schulz-Nieswandt F (2003) Herrschaft und Genossenschaft. Duncker & Humblot, Berlin; vgl. auch Schulz-Nieswandt F (2007) Kulturelle Ökonomik des Alterns. Zum Umgang mit dem Alter im Generationengefüge zwischen archetypischer Ethik und Knappheitsökonomik. In Teising, M. u. a. (Hrsg) Alt und psychisch krank. Diagnostik, Therapie und Versorgungsstrukturen im Spannungsfeld von Ethik und Ressourcen. Kohlhammer, Stuttgart: 31-54.

270 Schulz-Nieswandt F (2008) Zur Morphologie des Dritten Sektors im Gefüge zwischen Staat, Markt und Familie. Ein Diskussionsbeitrag zur Ciriec-Studie „Die Sozialwirtschaft in der Europäischen Union". Zeitschrift für öffentliche und gemeinwirtschaftliche Unternehmen 31 (3), S. 323-336.

271 Schulz-Nieswandt F & Köstler U (2011) Bürgerschaftliches Engagement im Alter. Kohlhammer, Stuttgart.

272 Schulz-Nieswandt F (2018) Märkte der Sozialwirtschaft. In Grunwald K & Langer A (Hrsg) Handbuch der Sozialwirtschaft. Nomos, Baden-Baden: 739-755.

Tatsächlich könnte man das Zusammenspiel von Staat (Recht), Familie und Wirtschaft (Privatwirtschaft und Gemeinwirtschaft als Einzelwirtschaftstyp öffentlicher und freier Trägerschaft im Wettbewerb) definiert sehen über einen Programmcode des Rechts der Regulation und redistributiven Korrektur und Funktionsermöglichung der sozialen Marktwirtschaft, wobei das Phänomen der Allmende morphologisch eben nicht abgedeckt ist.
Die Allmende wird im Sinne von Michel Foucault zu einer Heterotopie:[273] Sie wird definiert als ein fremdartiger Raum der Alterität als das Ganz Andere, weil es sich der herrschenden Logik der selbstverständlichen Normalität nicht fügt. Dass der heterotope Raum (bei manchen ambivalenten Phänomenen in numinoser Weise, nämlich die Faszination umfassend) als »verdächtig« eingeschätzt wird, bringt die Logik der binären Codierung des Normalen und des Anormalen zum Ausdruck. Denn die – in der historischen Epistemologie, in quer denkenden Kulturwissenschaften und in der kritischen Psychoanalyse breit diskutierte – Idee der Allmende ist weder methodologisch noch normativ über den Individualismus zu erschließen, ähnlich wie die radikale Idee des bedingungslosen Grundeinkommens[274] sich in mutativer Weise von der kulturellen DNA neo-calvinistischen,[275] aber auch schon alt- wie neutestamentlichen Dispositivordnung über Faulheit[276] (Arbeit)[277] und Schuld (Selbstverantwortung) trennt.[278]

14. Im Hintergrund: Selbstblockaden der ökonomischen Theorie

In der Theoriegebundenheit neoklassischer Logik kollektiven Handelns (in der Tradition von Mancur Olson)[279] wurde jenseits der Mechanismen von Zwang und Anreizen als dritte Residualkategorie der »Moralismus« – damit auch die demokratische Erziehung (die im jüdischen, aristotelischen und sozialpragmatistischen Kommunitarismus[280] dialogtheoretisch, tugendethisch und eben auch soziallerntheoretisch eine konstitutive Rolle spielt) abwertend marginalisiert, dogmatisch festhaltend an kulturwissenschaftlich völlig überholten *homo oeconomicus*-Modellen. Dabei wurde der nutzentheoretische methodologische Individualismus an theoriegeschichtlich ungenügend (verkürzt) rezipierte Verständnisse von Werturteilsfreiheitpostulaten der Wissenschaften geknüpft, obwohl es sich selbst oftmals um den gar nicht erfahrungswissenschaftlich orientierten, sondern eher modellplatonistischen Denkstil in krypto-normativer Verankerung handelt, und es daher in ideologischer Perspektive primär um den normativen Individualismus ging und geht.

---

273 Schulz-Nieswandt F (2016) Hybride Heterotopien. Metamorphosen der „Behindertenhilfe". Ein Essay. Nomos, Baden-Baden.

274 Kovce Ph & Priddat B P (Hrsg) (2019) Bedingungsloses Grundeinkommen. Grundlagentexte. 2. Aufl. Suhrkamp, Berlin.

275 Klammer U & Schulz-Nieswandt F (2006) Logik des Sozialstaats und „Arbeit am Menschenbild". Sozialer Fortschritt 55 (7): 157-159 sowie Schulz-Nieswandt F (2002) Arbeit und Freizeit. Erwartungen und Enttäuschungen. In Bellebaum A (Hrsg) Glücksforschung. Eine Bestandsaufnahme. UVK, Konstanz: 193-212.

276 Kaufmann M (2013) Kein Recht auf Faulheit. Das Bild des Erwerbslosen in der Debatte um die Hartz-Reformen. Springer VS, Wiesbaden.

277 Assländer M S (2005) Von der vita activa zur industriellen Wertschöpfung. Metropolis, Marburg.

278 Vgl. auch Grimmer B (2018) Folgsamkeit herstellen. Eine Ethnographie der Arbeitsvermittlung im Jobcenter. transcript, Bielefeld.

279 Olson M (2004) Die Logik des kollektiven Handelns. 5., durchgeseh. Aufl. Mohr Siebeck, Tübingen.

280 Vgl. Reese-Schäfer W (Hrsg) (2019) Handbuch Kommunitarismus. Springer VS, Wiesbaden,.

14.1 Rationaler Altruismus

Der methodologische Individualismus wird in der Ökonomie in modellplatonistischer Weise zum Knecht der Herrschaft des normativen Individualismus. Was sich methodologisch dem Modell nicht fügt, wird zu Anomalien jenseits der Zweckrationalität pathologisiert.
Schauen wir auf die Modellierung von Altruismus: Aus liberaler Sicht (des normativen Individualismus) sind nur freiwillige Formen als rationaler Altruismus zulässig, etwa als Transferzahlung der Reichen (R) an die Armen (A), rationalistisch und grenznutzentheoretisch optimiert nach der Formel:

$$\left| \partial U_R / \partial Y_R \right| \leq \partial U_R / \partial U_A.$$

Altruismus wird, phänomenologisch völlig blutleer, zum Thema eines rationalen Optimierungskalküls der Utilitity-Funktionen. Im Formalismus der Wohlfahrtsökonomik kann die Optimierung sozialer Wohlfahrt modelliert werden. Die Prozesse sozialer Konstruktion – quasi die sozialen Produktionsfunktionen – bleiben in ihrer kulturellen Grammatik unthematisiert und in der Folge unverstanden.

14.2 Wohlfahrtsökonomischer Formalismus

Was ist die Problemstellung der Wohlfahrtsökonomik? Das Erkenntnisinteresse lautet: Wann verändert sich eine Gesellschaft so, dass sich ihre ökonomische/soziale Wohlfahrt verbessert? Darüber handelt die Wohlfahrtsökonomik. Soll sich die Gesellschaft von Zustand S_1 zum Zustand S_2 hin verändern? Gilt: S_2 ist »superior« im Vergleich zu S_1? Was wären relevante Entscheidungskriterien? Darum geht es hier.
Die Wohlfahrtsökonomik als Teil der Volkswirtschaftslehre beschäftigt sich mit der Frage, wie aus dem Zusammenspiel der Mitglieder der Gesellschaft aus der Allokation der Ressourcen eine akzeptable Entwicklung ökonomischer/sozialer Wohlfahrt entstehen kann. Dabei benötigt man normative Kriterien zur Aggregation individueller Wohlfahrt zur sozialen Wohlfahrt (Pareto-Rawls-Lösungen). Aber genau diese sog. Aggregation wird nicht im Zuge rekonstruktiver Sozialforschung geklärt, sondern auf der Basis des normativen Individualismus in Public and Social Choice-Perspektiven modelliert.
Die Wohlfahrtsökonomik beschäftigt sich, nochmals, etwas anders formuliert, mit der Frage der Maximierung der sozialen Wohlfahrt (SW) in Bezug auf die individuellen Nutzenfunktionen U_1 aller Gesellschaftsmitglieder i = 1 …. n: Die soziale Wohlfahrtsfunktion SWF lautet:

$$SWF = SFW\ (U_i) \rightarrow max!$$

Der Formalismus wird deutlich, wenn man sich anschaut, wie Macht in der Allokation modelltheoretisch »eingebaut« wird, so in der Fallkonstruktion, wenn mit Blick auf U_A und U_B gilt: $\alpha > \beta$ und $\beta \neq 0$, vorausgesetzt, dass ausgegangen wird von der Optimierungsgröße

$$\{(U^*_A - U_A)^\alpha (U^*_B - U_B)^\beta\}.$$

Was, wenn also β nicht größer als 0 ist? Eine »Win-Win«-Situation in der Allokation setzt dagegen voraus: $\alpha > 0$ und $\beta > 0$, möglich aber ist, dass $\alpha \neq \beta$ ist. Wirksame Macht[281]liegt vor, wenn $\alpha > \beta$ oder umgekehrt $\beta > \alpha$ ist und sich die Allokation engsprechend realisieren kann. Herrschaft benötigt – um mit Max Weber zu argumentieren – allerdings eine Praxis der Huldigung der Machtinhaber*innen.

Damit wird ein Sachverhalt formalisiert als soziale Tatsache beschrieben; aber nichts wird soziogenetisch erklärt, nichts wird hermeneutisch rekonstruiert. Das generative Prozessgeschehen bleibt durch modelltheoretische »Ausklammerung eingeklammert«. Wie steht es also um die Begründbarkeit von Umverteilung, wenn sie nicht im Theorem der Pareto-optimalen Redistribution auf der Grundlage privater Freiwilligkeit modelliert wird? Wie überzeugt haben neoklassische Ökonomen in lateinischer Sprache vorgetragen, über Geschmack könne man in der Wissenschaft nicht streiten! Dagegen hatte Kenneth E. Boulding witzeln können, die Indifferenzkurve sei ja nicht unbefleckt empfangen worden. Die konstitutionelle Ökonomik in der Tradition von James Buchanan (der auch seine Apologetik in Deutschland hat) schob (nicht ohne kryptische Analogien zur Theologie) sodann alle relevanten Fragen in den primären Ordnungsschöpfungsakt einer einmaligen konstitutiven Phase I, um danach in einer Phase II alles den freien Kräften des Marktes zu überlassen, damit – analog zu den konstitutiven und regulativen Prinzipien des deutschen ORDO-Liberalismus – der *permanent ex post* intervenierende Wohlfahrtsstaat als »politics against markets« des *homo scandinavicus* überflüssig wird.

14.3 Sozialer Konstruktivismus

Nicht beantwortet wird in diesem Formalismus die wohlfahrtstheoretisch bedeutungsvolle Frage, wie Lebenschancen und Lebensqualität im System sozialer Relationen durch Mechanismen codierter sozialer Konstruktivität im dispositiven Machtsystem der Gouvernementalität der Gesellschaft in Diskursen, Institutionen und sozialen Praktiken generiert und verteilt werden. Dazu benötigt man eine Kultursemiotik der Gesellschaft, die Strukturalismus, Phänomenologie und Hermeneutik (wie bei Roman Jakobson)[282] verknüpft und mit einer psychoanalytischen Fundierung verkoppelt wird.[283] J. M. Lotman oder Michail Bachtin bleiben der Ökonomie aber Unbekannte. Das sind ja nur Namensbeispiele. Aber eben nicht nur Namen, also »Schall und Rauch«: Ökonomie ignoriert schlicht die komplexe Theoriegeschichte der Kulturwissenschaften.[284] Wie kann es sein, dass Ökonomie glaubt, ohne Kenntnisnahme der Werke von Michel

281 Claessen D (1974) Rolle und Macht. 3., überarb. Aufl. Juventa, München; Popitz H (1986) Phänomene der Macht. Mohr Siebeck, Tübingen.

282 Holenstein E (1975) Roman Jakobsons phänomenologischer Strukturalismus. 2. Aufl. Suhrkamp, Frankfurt am Main.

283 Schulz-Nieswandt F & Sauer M (2010) Qualitative Sozialforschung in der Gerontologie forschungsstrategische Überlegungen und implizite Anthropologie in der Gegenstandsbestimmung. In Meyer-Wolters H u. a. (Hrsg) Transdisziplinäre Alternsstudien. Gegenstände und Methoden. Würzburg: Königshausen & Neumann, Würzburg: 93-117.

284 Bachmann-Medick D (2006) Cultural Turns. Neuorientierungen in den Kulturwissenschaften. Rowohlt, Reinbek bei Hamburg.

Foucault, Pierre Bourdieu, Jacques Lacan[285] auskommen kann? Sollte Freud's Verdacht gegenüber dem Unbewusstem schlicht nicht in das rationalistische Weltbild der Ökonomie der heiligen privaten Präferenzen passen, weil das Private soziogenetisch auf die kulturellen Codierungen des sozialen Wirklichkeitsgeschehens verweisen. Denn wenn das Gesellschaftliche ins Private reicht, öffnet sich das Private der öffentlichen Problematisierung. Es geht also um öffentlich relevante Tatbestände als soziale Konstrukte. In Strömungen der evolutorischen Ökonomie werden mitunter Externalitäten als solche sozialen Konstruktionen begriffen. Da aber auch hier die Ökonomie in der Regel (es gibt verschiedene Varianten evolutorischerer Ökonomie) keinen Anschluss findet zu wichtigen soziologischen Beiträgen wie von A. De Swaan[286] oder F. Ewald,[287] aber auch Wolf,[288] werden nicht die relevanten Schlussfolgerungen in Hinsicht auf den politischen Charakter der Ökonomie der solidarischen Gesellschaft als figurative Risikomanagementgemeinschaft gezogen.

Das Geflecht intellektueller Netzwerke hinter allein diesen drei Namen (Foucault, Bourdieu, Lacan), auch andere Denknetzwerke wären anzuführen, stellt eine komplexe intellektuelle Genealogie dar. Diese kann hier nicht rekonstruiert werden. Die Ignoranz der Ökonomie ist eine selbstreferentielle Hermetik der »Skotomisierung« (Lacan): der verstiegenen Blickverengung.

Je nach Erkenntnisinteresse und Forschungsparadigma: Es hat sich in den letzten Dekaden doch nicht viel verändert in der Ökonomie: Perspektiven einer Soziologie werden nur im Datenkranz der Modellannahmen und somit im metatheoretischen Modellierungs-Modus von Restriktionen eingebaut. Es wird (Theorem des Cartesianischen Dualismus) eine strikte Separationsannahme getroffen, die (fixe) Präferenzen von (variierbaren) Restriktionen innerhalb anreiztheoretischer Verhaltensmodelle trennen:

$$P \mid\mid R.$$

Eine Soziologie der Figurationen[289] bleibt der Ökonomie fremd.

14.4 Soziologie der Figurationen

Vom »semiologischen Abenteuer«[290] hat die Ökonomie noch nie etwas gehört. Der Einbau kognitionspsychologischer Aspekte (Frames) erfolgt ohne Wissen um das Werk von Maurice Merleau-Ponty.[291] Psychologie der Charakterbildung (durchaus im Sinne der Neurosenlehre) und Soziologie der Formung der Person (Theorie der Vergesellschaftung als Subjektivierung) sind keine Themen ökonomischer Wissenschaft, obwohl davon das Gelingen oder Scheitern der Polis abhängen. Wenn heute in der Soziologie erkannt wird, dass (was die frühe Sozialstaats-

285 Roudinesco E (1996) Jacques Lacan. Bericht über ein Leben, Geschichte eines Denksystems. Kiepenheuer & Witsch, Köln.

286 Swaan A de (1993) Der sorgende Staat. Campus, Frankfurt am Main-New York.

287 Ewald F (1993) Der Vorsorgestaat. Suhrkamp, Frankfurt am Main.

288 Wolf B (2004) Die Sorge des Souveräns. Eine Diskursgeschichte des Opfers. Diaphanes, Zürich.

289 Elias N (1976) Über den Prozeß der Zivilisation. Bd. 1. 32. Aufl., Bd. 2. 33. Aufl. Suhrkamp, Frankfurt am Main.

290 Barthes R (1983) Elemente der Semiologie. Suhrkamp, Frankfurt am Main.

291 Merleau-Ponty M (2003) Das Primat der Wahrnehmung. 6. Aufl. Suhrkamp, Frankfurt am Main.

lehre[292] von Lorenz von Stein im 19. Jahrhundert ebenso wie die frühe Sozialmedizin als Grundlage der öffentlichen Gesundheitspolitik von Rudolf Virchow bereits wussten und politisch als sozial engagierte Wissenschaftler artikulierten) Bildungschancen die Schlüsselfrage der Mechanismen sozialer Ungleichheit und sozialer Ausgrenzung sind, so kann in sozialökonomischen Fragen eigentlich nicht übergangen werden, welche Schlüsselrolle Sozialisation und Erziehung – die antike Idee der *Paideia* als Formung der Person – spielen. Wie kann eine ökonomische Theorie die Erkenntnisse der Charakterbildungslehre[293] der verschiedenen Schulen der Tiefenpsychologie ebenso übergehen wie die Befunde der Entwicklungspsychologie in der Sozialisationsforschung? Wie kann man sich verschließen gegenüber den Einsichten zu sozialen Lernprozesse aus der pädagogischen Psychologie, den Fundamentaleinsichten Philosophischer Anthropologie, der Erziehungsphilosophie des Menschen als kulturbedürftiges und kulturfähiges Wesen? Ökonomische Verhaltensforschungen entdecken experimentell, z. T. im Korsett spieltheoretischer Modellierungen, was Jahrzehnte empirischer Sozialpsychologie längst schon wussten.

14.5 Fehlorientierungen der Wissenschaft

Das ist der Preis, der gezahlt werden muss, wenn Theoriegeschichte nicht mehr zur Ausbildung an Universitäten zählt, Nachwuchsförderung jenseits jeder inter- oder zumindest multidisziplinären Belesenheitsbildung verkürzt wird auf thematisch enggeführte Bahnen bornierter (skotomisierender, also »verstiegen« blickverengender) Paradigma-gebundener Methodenschulungen. Die Universität[294] verliert den Status der Gelehrtenrepublik einer Bildungsgenossenschaft im Generationenmix und wird zum Geschehensort der Geldbeschaffungsmaschinerien auf dem Weg zur internationalisierten Forschungsindustrialisierung, das Ganze verpackt in der Fetischordnung der Universität im Marktwettbewerb auf der Basis von Managementordnungen, die Professuren zu Fabrikdirekteren von Drittmittelbetrieben von 60, 100 oder mehr befristeten Projektmitarbeiter*innen machen.

Ein solcher Kulturwandel der Wissenschaft kommt dann nicht mehr seiner Verantwortungsrolle in der Mitgestaltung der Zivilisierung des sozialen Zusammenlebens nach, denn relevante Fragen werden ausgeklammert, vor allem: Relevante theoretische Zugänge werden ausgegrenzt. Gemeinwirtschaftslehre spielt daher eine Dornröschen-Nischenrolle im Wissens-Macht-System der Universität. Gemeinwohltheorie überlässt man der politischen Philosophie, Moralwissenschaft der Theologie.

Soziales Engagement der Wissenschaften muss in epistemologischer Perspektive offener sein, die eigenen paradigmatischen Weltbilder kritisch(er) hinterfragen, sich nicht verstecken hinter Modelleleganz, muss den Verzicht auf »große Erzählungen« synthetischer Art rückgängig machen im Bemühen, die kleinteiligen empirischen Forschungen zu einem Mosaik kunstvoll zu

292 Schulz-Nieswandt F (1999) Die Konzeption der "medizinischen Polizey" bei Johann Peter F. (1745-1821) im Kontext seiner Zeit. In Müller, H-P (Hrsg) Sozialpolitik der Aufklärung. Waxmann, Münster u. a.: 89-99.

293 Schulz-Nieswandt F (2015) Zur verborgenen Psychodynamik in der theologischen Anthropologie. Eine strukturalistische Sichtung. Nomos, Baden-Baden.

294 Münch R (2011) Akademischer Kapitalismus. Über die politische Ökonomie der Hochschulreform. Suhrkamp, Frankfurt am Main.

fügen, um der Gesellschaft Pfade in eine humane Zukunft zu bahnen. Technisches Herrschaftswissen – einst auch die Gaskammer und die Atombombe – wird hinreichend generiert: Wir benötigen befreiendes humanes Orientierungswessen für einen Fortschritt, der diesen Namen jenseits des prometheischen *homo faber* ohne Hybris und mit Demut verdient. Die Wissenschaft – wenn man auf einer metatheoretischen Ebene diese poetologisch anpackt – darf nicht Interessen dienen, sondern den Ideen. Wobei es hier auch ewige Ideen gibt: So die Freiheit des Menschen in der Würde seiner Daseinsführung: geltend für Alle, gleichzeitig, solidarisch. Wo bleibt die Poesie, jene Kunst, von der Theodor W Adorno sagte, sie sei die „Magie, befreit von der Lüge, Wahrheit zu sein."

15. Genossenschaftliche Ideen im Sozialraum

Zu beobachten ist seit längerer Zeit eine Diffusion der einzelwirtschaftlichen Gestaltidee der Genossenschaften in neue – eben auch soziale und kulturelle – Felder.[295]

15.1 Regionale Gesamtversorgungsverantwortung in bürgergenossenschaftlicher Hand

Experimentell erprobt werden auch im deutschrechtlichen Sinne des GenG genossenschaftliche oder zumindest im soziologischen Sinne genossenschaftsartige (als von Mutalität bzw. Reziprozität geprägte) Geschäftsmodelle für sozialraumorientierte Kooperationssysteme.

Von außerordentlich spannendem Charakter ist die Idee bürgerschaftlich organisierter Quartiere (in der KDA-Taxonomie)[296] als Kollektivträger der Gesamtversorgungsverantwortung im Sinne des einschlägigen Sozialrechts. Anzusprechen ist hier im diesen Zusammenhang im sozialrechtlichen Modus eines Gesamtversorgungsvertrages gemäß § 72 (2) SGB XI die Idee, diesen Vertrag nicht auf einen Einrichtungsträger zu beziehen, sondern als eine echte genossenschaftliche (eG im Sinne des GenG) oder als genossenschaftsartige freigemeinnützige Vereinsverantwortung der Bewohner*innen eines Quartiers in Selbstverwaltung ihrer Miteinanderverantwortung. Um in diesem Sinne die inklusive Gemeinde[297] in eine soziale, auf einen stabilen Vertrauenskapitalstock aufbauende und zugleich im ökonomischen Sinne effektive Nachhaltigkeit zu überführen, benötig sie eine rechtliche Form, in die diese Sozialraumbildung gegossen wird. Die Forschungsliteratur zu Rechtsformenvergleichen (GmbH, eV etc.) sowie Praxisbeispiele im Zuge der Diffusion der Genossenschaftsidee (als UNESCO-Weltkulturerbe) in neue soziale Felder fundiert die notwendige Evidenz, hier die (gemeinnützige) eG gemäß GenG anzuvisieren. Die sich aus diesem Organisationsentwicklungsziel erwachsene Aufgabe ist es, die genossenschaftliche Organisationsform zu implementieren. Dies ist ein organisationskulturelles Gründungsgeschehen, das im Kontext des sozialraumbezogenen Quartiersmanagements eines angepassten Formates einer »Lernwerkstatt« bedarf. Die Genossenschaftsidee muss in systemischer Weise

295 Köstler U (2018) Seniorengenossenschaften. Ein morphologischer Überblick zu gemeinwirtschaftlichen Gegenseitigkeits-Gebilden der sozialraumorientierten Daseinsvorsorge. Nomos, Baden-Baden.

296 Kremer-Preiß U (2020) Pflegerische Vollversorgung weiter entwickeln. Pro Alter 52 (1): 48-41.

297 Schulz-Nieswandt F (2013) Der leidende Mensch in der Gemeinde als Hilfe- und Rechtsgenossenschaft. Duncker & Humblot, Berlin.

in einem wirtschaftsethisch naheliegenden Stakeholder-Denkrahmen erläutert und zur Akzeptanz sowie zur Gründung und Umsetzung gebracht werden. Dabei geht es um die Bildung eines »Issue«-Netzwerkes,[298] das über die »weak ties«-Netzwerklogik strategischer Rationalität (mit thematisch enggeführten Interessen und brüchigen Zeithorizonten) hinausgeht und eine in gemeinsamen Ideen verankerte nachhaltige Sozialraumentwicklung (»kulturelle Einbettung«[299] wirtschaftlichen Handelns) ermöglicht. Zentrales Element dazu ist die in diese Lernwerkstatt eingebaute Entwicklung eines erweiterten, nicht nur wirtschaftlichen, sondern auch sozialen Rechnungswesens im Sinne des Mitgliederbezogenen Förderauftrages des § 1 GenG, der einerseits von identitätsstiftender und akzeptanzsichernder sowie reputationsfördernder Bedeutung ist, andererseits Kernelement des genossenschaftlichen Governance[300] ist. Die Lernwerkstatt ist eine ergebnisorientierte lokale Konferenzkultur, die von einer systemischen (bildsprachlich ausgedrückt: die Akteure »abholend« und »mitnehmend auf die Reise« dieser Organisationsentwicklung) Haltung in der choreographischen Leitung (weder rein top-down noch bottom-up angelegt) geprägt sein muss. Diese Lernwerkstatt-Konzeption folgt der Logik des sozialen Lernens in der Form eines wachsenden Werdens des Konstrukts der »genossenschaftliche Formbildung«, enthält also iterative, zirkuläre und kumulative Eigenschaften.

15.2 Dynamik im Feld von § 45a-c SGB XI: Alltagshilfekultur in Nachbarschaft

Gesundheitsselbsthilfegruppen[301] im Sinne des § 20 h SGB V und seit einiger Zeit die Angehörigenpflege-Selbsthilfegruppen gemäß § 45 d SGB XI sind etablierte Sozialgebilde[302] (Gebilde sozialer Beziehungen) der Gegenseitigkeitshilfe im genossenschaftsartigen Sinne,[303] da morphologisch die Prinzipien der Selbstorganisation, Selbsthilfe und Selbstverwaltung wirksam sind. Lokale bzw. regionale Informations-, Kontakt- und fördernde Beratungsstellen – quasi

---

298 Vgl. insgesamt: Stegbauer Chr & Häußling R (Hrsg) Handbuch Netzwerkforschung. VS, Wiesbaden.

299 Polanyi K (1978) The Great Transformation. Suhrkamp, Frankfurt am Main.

300 Picker Chr (2019) Genossenschaftsidee und Governance, Mohr Siebeck, Tübingen.

301 Schulz-Nieswandt F (2020) Digitalisierung der Selbsthilfe. Sozialrechtliche Fragen und ethische Dimensionen ihrer öffentlich-rechtlichen Förderung. Nomos, Baden-Baden und die dort zitierten Studien des Verfassers.

302 Wiese L v (1966) System der allgemeinen Soziologie als Lehre von den sozialen Prozessen und den sozialen Gebilden der Menschen (Beziehungslehre), 4., unveränd. Aufl., Duncker & Humblot, Berlin. Er wird hier angeführt, wenngleich seine Verstrickungen in den Nationalsozialismus bekannt und seine reaktionären Ansichten nach 1945 ebenso deutlich sind. Anzuführen ist auch Vierkandt A (1949) Kleine Gesellschaftslehre, 2. Aufl. Enke, Stuttgart, der im Nationalsozialismus nicht mehr lehren durfte. Zur »relationalen Soziologie« bzw. der Soziologie der Formen gehört sodann auch Georg Simmel. Vgl. auch Mackenroth G (1952) Sinn und Ausdruck in der sozialen Formenwelt, Hain, Meisenheim.

303 Schulz-Nieswandt F & Langenhorst F (2015) Gesundheitsbezogene Selbsthilfe in Deutschland. Zu Genealogie, Gestalt, Gestaltwandel und Wirkkreisen solidargemeinschaftlicher Gegenseitigkeitshilfegruppen und der Selbsthilfeorganisationen. Berlin, Duncker & Humblot.

funktional einzuschätzen als generative Agenturen[304] – in vielfältiger trägerschaftlichen Aufhängung[305] spielen hierbei etablierte Rollen der Sozialraumgenerierung.[306]
In neuerer Entwicklung sind die Besonderheiten von Gebilden der Nachbarschaftshilfen als ehrenamtliches Engagement von Einzelpersonen zu beachten, wonach sich das nachbarschaftliche Engagement im Vergleich zu organisierten Formen ehrenamtlichen Engagements in der Regel aus einem bilateralen und emotional wie räumlich geprägten Verhältnis heraus entwickelt bzw. umgekehrt im Entstehungsprozess bei vorher unbekannten Personen (Hilfegebendem und Hilfenehmenden: »Reziprozität« als austauschendes System von Geben und Nehmen) diese Prägung als besondere Qualität hinzugewinnt. Dieser Aspekt der Abgrenzung zu anderen Formen ehrenamtlicher Hilfen ist bedeutsam und daher beachtenswert, da er für die notwendige Diskussion über die unterschiedlichen Anerkennungskriterien im Rahmen des § 45 a SGB XI bedeutsam wird. Auch muss im Vergleich verschiedener Formen des sozialen Engagements beachtet werden, dass die unterschiedlichen Formen und Tiefen der gegenseitigen Hilfe als Austauschbeziehungen (»Reziprozität«) im Rahmen einer Betrachtung von informeller Hilfe als individuelle Ressource in personenzentrierten Netzwerken als kollektiv bedeutsame Ressource eines Sozialraums (Nachbarschaft als »Sozialkapital«) beachtet werden müssen.

15.3 Genossenschaftsartigkeit von Caring Communities

Eine gewisse Renaissance jüdisch-frühchristlicher Gemeindeordnung, auch gespeist von der Idee der »moral economy«, findet sich zunehmend im Kontext der Diakonia,[307] wenngleich sich auch in der Caritas die Idee der Gemeinwohlökonomie[308] regt.[309] Das Problem hat in der Theologie und in der kirchenpolitischen Praxis eine längere, zyklische Tradition. Immer wieder kommt es infolge der Entfremdung der autoritär-hierarchischen Kirchenapparate und ihrer theologischen Überbauten von den existenziellen Daseinsfragen der Menschen zum Ruf nach der Rückkehr zu einer profanen (aber liebevollen), weil alltagsbezogenen Gemeindepraxis, die sich den sozialpolitischen Fragen der Zeit widmet. Dabei spielen[310] die vielen sozialgeschichtlichen

304 Schulz-Nieswandt F (2018) Lokale generische Strukturen der Sozialraumbildung. § 20 h SGB V und § 45 d SGB XI im Kontext kommunaler Daseinsvorsorge. Nomos, Baden-Baden; Schulz-Nieswandt F (2019) Das Gemeindeschwester[plus]-Experiment in Modellkommunen des Landes Rheinland-Pfalz. Der Evaluationsbericht im Diskussionskontext. Nomos, Baden-Baden.

305 Schulz-Nieswandt F (2020) Selbsthilfeförderung im ländlichen Raum. Das Fallbeispiel der KISS in der Trägerschaft von »Soziales Netzwerk Lausitz«. Nomos, Baden-Baden.

306 Schulz-Nieswandt F (2020) Sozialrechtliche Möglichkeiten der Sozialraumorientierung In Wegner G & Lämmlin G (Hrsg) Kirche im Quartier: die Praxis. Evangelische Verlagsanstalt, Leipzig: 273-282 und die dort zitierten Studien des Verfassers.

307 Schulz-Nieswandt F (2018) Die Idee der Caring Communities und die Rolle des genossenschaftlichen Formprinzips. In Evangelische Kirche Rheinland (Hrsg) Teilhabe und Teilnahme. Zukunftspotenziale der Genossenschaftsidee. Beiträge des Evangelischen Raiffeisenkongress 18./19.6.2018 in Bonn. epd-Dokumentation 47: 45-51; Kramer J (2015) Diakonie inszenieren. Performative Zugänge zum diakonischen Lernen. Kohlhammer, Stuttgart.

308 Ferner Fischer R (2019) Mit Werten wirtschaften. Praxismodell Gemeinwohlökonomie. Tectum, Marburg.

309 Kritisch: Krisch M (2018) Die Verräumlichung des Evangeliums im Geist des Kapitalismus. Springer VS, Wiesbaden.

310 Schulz-Nieswandt F (2018) Morphologie und Kulturgeschichte der genossenschaftlichen Form. Eine Metaphysik in praktischer Absicht unter besonderer Berücksichtigung der Idee des freiheitlichen Sozialismus. Nomos: Baden-Baden.

Studien zur Kultur frühchristlicher Gemeinden eine Rolle, konnten sie doch zeigen, wie das frühe Christentum sich genossenschaftsartig, orientiert an dem hellenistischen Vereinsleben, als Sozialgebilde der Gegenseitigkeitshilfe verstanden hatten, die Kluft zwischen Idee und Wirklichkeit auch hier natürlich beachtend.

Aktuell ist Community-Buildung im kommunalen Raum als Generierung von Sozialraum im Sinne von Sozialkapitaltheoretisch fassbare Unterstützungsnetzwerken, also Caring Communities, ein großes Thema, erwachsend auch aus schon länger etablierten Strukturen, die wohlfahrtspluralistisch unter Einbezug zivilgesellschaftlicher Diskurse über Formen bürgerschaftlichen Engagements als Wohlfahrtsgesellschaft als Hilfe-Mix (Welfare-Mix) vor allem, aber nicht nur im Kontext des SGB XI nicht nur diskutiert, sondern auch praktiziert werden. Der 7. Altenbericht[311] sprach von lokalen sorgenden Gemeinschaften, die jedoch unbedingt auch im Rahmen professioneller sozialer Infrastrukturen im Sinne der Daseinsvorsorge im Raum der Versorgungslandschaften (vor allem im Sinne des KDA wohnformendifferenzierend)[312] quartiersbezogen und in mehrfacher Hinsicht im Spiegel der ökologischen Gerontologie transaktional, also als Wechselwirkung von Mensch und Umwelt, zu verstehen sind.

Die moralische Ökonomik bezeichnet hier das Verständnis der sozialen Austauschprozesse, die insofern eine Praxis der Ökonomik der Sorge sind, da ja unabdingbar Ressourcen investiert werden, aber nicht vom kapitalistischen Geist der kommerziellen Nutzenmaximierung geprägt wird, sondern aus der Kraftquelle[313] moralischer empathischer Motivkomplexe der Solidarität und des Altruismus aus Liebe, Anerkennung, Respekt, Philanthropie, Pflicht etc. heraus gemeinwohlorientiert getrieben sind.

16. Kulturentwicklungsaufgaben der freien Wohlfahrtspflege

In Bezug auf die Kommunalisierung[314] wurde bereits kritisch die Frage nach der Befähigung kommunaler Politik und kommunaler Verwaltungskulturen gestellt, denn naiv ist die Forderung der kommunalen Steuerung von Versorgungslandschaften im Verbund mit engagierten Sozialversicherungen im Rahmen einer Landesermöglichungsgesetzgebung, wie es auch das PrävG mit Blick auf die Kommune als eigene Lebensweltebene[315] vorsieht, nicht.

In Bezug auf die aufgeworfene Idee der subsidiären Vorzugswürdigkeit gemeinnütziger Organisationen, sofern die Kommune im Verbund mit den Sozialversicherungen die Sicherstellung, zumindest in strukturschwachen peripheren, schrumpfenden ländlichen Regionen, nicht selbst übernehmen wollen oder können, also in Bezug zur Erledigung öffentlicher Aufgaben bis hin

---

311 Vgl. auch Schulz-Nieswandt F (2020) Die Altenberichte der Bundesregierung. Themen, Paradigmen, Wirkungen. In Aner K & Karl U (Hrsg) Handbuch Soziale Arbeit und Alter. 2., überarb. u. aktual. Aufl. Springer VS, Wiesbaden: 639-651.

312 Schulz-Nieswandt F (2012) Gemeinschaftliches Wohnen im Alter in der Kommune. Das Problem der kommunalen Gastfreundschaftskultur gegenüber dem *homo patiens*. Duncker & Humblot, Berlin.

313 Fromm E (2005) Die Kraft der Liebe. 5. Aufl. Diogenes, Zürich.

314 Lindemann H (2014) Kommunale Governance. Die Stadt als Konzept im Völkerrecht. Mohr Siebeck, Tübingen; Friedländer B (2019) Kommunale Gesamtsteuerung öffentlicher Aufgaben. Springer VS, Wiesbaden.

315 Grundsätzlich dazu auch Schulz-Nieswandt F (2013) Die Kommune als vernetzter Sozialraum des gelingenden sozialen Miteinanders. In Rösner H J & Schulz-Nieswandt F (Hrsg) Kölner Beiträge zum Internationalen Jahr der Genossenschaften 2012. LIT, Münster: 21-42.

zur Idee der sektoralen Wettbewerbsausnahmeregel, wonach nur gemeinnützige Unternehmen zu beauftragen wären, stellt sich auch hier bei hinreichend fehlender Naivität die Frage, wie die Kultur (als post-paternalistische Sorge-Philosophie, die auch den Habitus der Mikroebene der Professionen[316] betrifft, bereinigt von den eigenen ökonomischen Marktmachtbegierden) der freien Wohlfahrtspflege im Rahmen einer Haltungspflege wieder hinreichend revitalisiert werden kann. Sonst wird der Kreislauf von Marktversagen, Staatsversagen, NPO-Versagen nicht effektiv und nachhaltig unterbrochen. Verlierer sind die primären sozialen Netze, die überlastet und von funktionsdefizitären (vor allem fragmentarischen, sektoralisierten, desintegrierten, disziplinär oftmals bornierten, zunehmend kommerzialisierten und somit exkludierenden) Versorgungslandschaften »in Stich gelassen« werden, denn: »Versorgungsketten«[317] sehen anders aus. Zumal die primären Vergemeinschaftsformen im Sinne von prekärem Familienversagen auch oftmals überhaupt erst befähigt (nicht neo-liberal im Sinne der Ich-AG-Subjektivierung »enabelt«) werden müssen: Das angemessene Verständnis von Capability (wenn man die Positionen von Amartya Sen[318] und Martha Nussbaum[319] gesellschaftspolitisch adäquat radikal rezipiert und den älteren Empowerment-Gedanken fortführt) versteht die Kompetenzförderung der menschlichen Person in Wechselwirkung zur effektiven Gewährleistung der Sicherstellung der Chancen durch soziale Infrastrukturen als »Hilfe zur Selbsthilfe«, um eine gelingende Daseinsführung im Lebenszyklus zu ermöglichen.

Eine kurze spielerische Reflexion über den begrifflichen Wandel von der »Wohlfahrtspflege als Pflege der Wohlfahrt« hin zur »Sozialwirtschaft als Wirtschaft des Sozialen« kann erhellend sein. Als Wirtschaft sozialer Dienstleistungen im Markt stehend, geht es nicht mehr – im Mittelpunkt des Denkens und Handelns positioniert – um die Pflege eines umfassenden Verständnisses von Wohlfahrt, die eine politische Arbeit gegen Ungleichheit, Ausgrenzung und andere Formen »struktureller Gewalt« meint.[320] Empowerment bezieht sich auf die Befähigung des Subjekts, muss aber diese Befähigung (das Denken von Amartya Sen und Martha Nussbaum aufgreifend und fortdenkend) jedoch einbetten in kritische Fragen nach der Machtverteilung relevanter Ressourcen.[321] Die freie Wohlfahrtspflege muss mehr Demokratiearbeit[322] betreiben. Politische Arbeit wird vielfach integriert in das Leistungsgeschehen. Aber vielleicht sollte die Sozialwirtschaft über den Charakter des Unternehmerischen wieder zu einer »sozialen Bewegung« werden?

---

316 Schulz-Nieswandt F (2015) Gerontologische Pflegekultur: Zur Notwendigkeit eines Habituswandels. In Brandenburg H & Güther H (Hrsg) Gerontologische Pflege. Hogrefe, Bern: 305-318 sowie Schulz-Nieswandt F (2013) Transsektorale Integrationsversorgung als Problem des Gestaltwandels der Kultur professioneller Handlungsskripte – eine Mehr-Ebenen-Analyse. In Haller M, Meyer-Wolters H & Schulz-Nieswandt F (Hrsg) Alterswelt und institutionelle Strukturen. Königshausen & Neumann, Würzburg: 53-168.

317 Z. B. im Kontext der Krankenhausentlassung gemäß § 11 (4) SGB V: Schulz-Nieswandt F (2018) Biberacher „Unsere Brücke e. V." Redundanz im bunten Flickenteppich der Beratung, Fallsteuerung und Netzwerkbildung oder Modell der Lückenschließung? Nomos, Baden-Baden. Dazu ferner Schulz-Nieswandt F (2019) Gestalt-Fiktionalitäten dionysischer Sozialpolitik. Eine Metaphysik der Unterstützungstechnologien im Kontext von Krankenhausentlassung und der Idee eines präventiven Hausbesuchs als Implementationssetting. Nomos, Baden-Baden.

318 Sen A (2020) Ökonomie für den Menschen. Hanser, München.

319 Nussbaum M (2015) Fähigkeiten schaffen. Alber, Freiburg i. Br.-München.

320 Galtung J (1994) Menschenrechte – anders gesehen. 4. Aufl. Suhrkamp, Frankfurt am Main.

321 Jagusch B & Chehata Y (Hrsg) (2020) Empowerment and Powersharing. Juventa in Beltz, Weinheim-Basel.

322 Hummel C & Timm G (Hrsg) (2020) Demokratie und Wohlfahrtspflege. Nomos, Baden-Baden.

Aus der Position eines freiheitlichen, ethischen Sozialismus heraus argumentiert: Es geht darum, dass der soziale Rechtsstaat als Fundament der Zivilisation aus der Kraftquelle der universellen, inklusiven Liebe heraus im Lichte sozialer Gerechtigkeit das politische System liberaler Demokratie nutzt, um dem Telos der Personalität der menschlichen Existenz zur Wahrheit, also zum Wirklich-Werden verhilft. Das ist der Kerngedanke einer modernen Metaphysik[323] der Gesellschaftsgestaltungpolitik aus dem Geist der Gemeinwohlorientierung, die der Gemeinwirtschaft bedarf. Gemeinwirtschaft bedarf[324] jedoch eines »Dienstgedankens«,[325] einer authentischen Haltung des Gemeinsinns (auch in der Unternehmensführung),[326] die dem Eigensinn nicht widersprechen muss, weil der Mensch, wenn seine *Paideia* der Formung zur Person gelingt, an ihr eine sinnerfüllenden Freude haben kann.

17. Vom Fazit zu Hypothesen und weitreichenden Schlussfolgerungen

Der herrschende ordnungspolitische Ausgangsbefund für das Verständnis der Rolle der Gemeinwirtschaft wurde skizziert: Der soziale Rechtsstaat soll – so die herrschende Meinung – existenziell wichtige Güter und Dienstleistungen als Infrastruktur der Sorgearbeit des Alltagslebens und des Wirtschaftens garantieren, allerdings hierzu nicht unbedingt selbst Akteur der Sicherstellung sein.

17.1 Zwischenfazit zur Staatslehre

Fundamentaler Akteur der Zivilisierung der bürgerlichen Gesellschaft und ihrer liberalen Demokratie ist der Rechtsstaat. Der Sozialstaat ist die materielle Form, die er annehmen kann und im Völker-, Europa und bundesdeutschen Verfassungsrecht annimmt. Der soziale Rechtsstaat hat die Sozialschutzsysteme und die Dienstleistungen von allgemeinem öffentlichen Interesse im Sinne der Daseinsvorsorge in Bezug auf die Infrastruktur (Energie, Verkehr, Telekommunikation, Wasser bzw. Abwasser, Abfall, Kredit- und Geldwirtschaft, aber auch Wohnen, Gesundheit, Pflege, Bildung sowie höhere Kultur etc.) zu gewährleisten: Er ist Gewährleistungsstaat. Gewährleistung und Sicherstellung können daher aber auseinanderfallen und tun dies auch überwiegend.

Wie der Staat die Sicherstellung durch Regime der Gewährleistung verwirklichen will, verweist auf verschiedene mögliche institutionelle Arrangements, deren Design ausgestaltet werden kann. Der Staat kann unmittelbar selbst in die Sicherstellungsrolle mithilfe öffentlicher Einrichtungen und Dienste im Unternehmerstatus oder im Verwaltungsstatus (Inhouse-Prinzip) eintre-

323 Schulz-Nieswandt F (2018) Metaphysik der Sozialpolitik. Königshausen & Neumann, Würzburg.

324 Mühlenkamp H & Schulz-Nieswandt F (2008) Öffentlicher Auftrag und Public Corporate Governance. In Schaefer Chr & Theuvsen L (Hrsg) Public Corporate Governance: Bestandsaufnahme und Perspektiven. Nomos, Baden-Baden: 26-44.

325 Fischer H R u. a. (Hrsg) (2019) Dienende Führung. Zu einer neuen Balance zwischen ICH und WIR. Erich Schmidt Verlag, Berlin. Dazu auch Isensee J (2013) Gemeinwohl und öffentliches Amt. Vordemokratische Fundamente des Verfassungsstaates. Springer VS, Wiesbaden.

326 Kleinfeld A (1998) Persona Oeconomica. Personalität als Ansatz der Unternehmensethik. Physica, Heidelberg.

ten (z. B. Stadtwerke, öffentliches Bildungswesen, öffentliches Gesundheitswesen) oder die Leistungserbringung öffentlicher Güter delegieren. Nach europäischem und bundesdeutschem Recht delegiert (Ausschreibung nach obersten Rechtsprinzipien der Gleichbehandlung und Transparenz, Betrauung gemäß regulativen Vorgaben etc.) der soziale Rechtsstaat als Gewährleistungsstaat an Quasi-Märkte des Wettbewerbs zwischen verschiedenen Unternehmenstypen inkl. des Dritten Sektors (im Rahmen des Wohlfahrtspluralismus), reguliert und finanziert (voll oder teilweise) aber die Leistungserbringung.
Meines Erachtens reicht dieser Evolutionsstatus der sozialen Marktwirtschaft mit Blick auf die Zukunftsaufgaben der modernen Gesellschaft nicht aus. Die Spaltung der Gesellschaft nimmt zu und damit die Gefahr der Erosion;[327] umso wichtiger wird das Denken des Zusammenhalts.[328]

17.2 Hypothesen über weitreichende Schlussfolgerungen

Einige Hypothesen, aus dem Fazit erwachsend, sind als weitreichenden Schlussfolgerungen zu formulieren:

1) Zu verweisen ist auf die Bedeutung der gemeinschaftlichen Nutzung von Gemeingütern. Es muss eine gemeinwirtschaftliche Sicherstellung von Gemeingütern außerhalb der Programmlogik des kapitalistischen Marktes geben.
2) Wir benötigen einen Ausbau der verfassungsrechtlich gebotenen kommunalen Daseinsvorsorge in Bezug auf die wirtschaftliche, soziale und kulturelle Infrastruktur.
3) Verwiesen wurde auch auf die Chance, die Sozialraumbildung kommunaler Daseinsvorsorge zunehmend im Sinne der Form der genossenschaftlichen Miteinanderverantwortung (u. a. auch in sog. Infrastrukturgenossenschaften) zu organisieren. Daseinsvorsorge des Wohlfahrtsstaates und wohlfahrtgesellschaftliche Bildung von Caring Communities kommen – kooperativ integriert – zusammen.
4) Die Sozialraumbildung kommunaler Daseinsvorsorge ist nicht denkbar in einer Welt der Kapital-Anleger-Modelle privatwirtschaftlicher Träger. Wo die Kommune im Verbund mit den Sozialversicherungen nicht selbst Versorgungsformen (z. B. in ländlichen Räumen) sicherstellen, ist die Gemeinwirtschaftlichkeit freier Träger zu fördern.
5) Eine nachhaltige bedarfsgerechte Gemeinwohlökonomik resultiert nicht aus der Summe privater Konsumgüterpräferenzen, sondern aus der sozialen Präferenzbildung in Bezug auf die Konturen eines gewollten »guten Lebens« in Form eines gelingenden sozialen Miteinanders als eine genossenschaftsartige »Miteinanderverantwortung«.
6) Die normativ-rechtliche Skala ist geprägt von der »Würde als Sakralität der Personalität«, konkretisiert über die Wertestruktur der Selbstbestimmung, Selbstständigkeit und Teilhabe, deren Bedingtheit sich aus der kulturellen Einbettung der Autonomie des Individuums in soziale Relationen der gegenseitigen Anerkennung als respektvolle Wertschätzung, der wechselseitigen empathischen Rücksichtnahme ergibt.

327 Konauer M (2020) Kritik der auseinanderdriftenden Gesellschaft. Campus, Frankfurt am Main-New York.
328 Sennett R (2019) Zusammenarbeit. Was unsere Gesellschaft zusammenhält. Hanser, Berlin.

7) Die Identität des menschlichen Subjekts ist der Knotenpunkt seiner sozialen Beziehungen. Das in der sozialen Evolution auf Kooperation angelegte Individuum ist ein Netzwerkwesen[329] im Kristallgitter sozialer Molekularität.[330]
8) Freiheit ist personales Selbst-Sein im Modus des gelingenden sozialen Miteinanders,[331] das man »Liebe« zwischen *Philia* und *Agape* nennt.
9) Geschichtsphilosophisches Telos des Gemeinwohlstrebens ist die Idee der gleichzeitigen (auch der zukünftigen) Freiheit »Aller«, also die inklusive Minimierung sozialer Exklusion, der Minimierung der (über die Differenzierung als Diversität hinausgehenden) sozialen Ungleichheit, resultierend aus einer solidarisch gewährleisteten Chancengleichheit.[332] Freiheit meint in der Intimität der privaten Lebenswelt: »Freiheit in Geborgenheit«; Freiheit im öffentlichen Raum der politischen Tugenden meint: partizipative Teilhabe an der »gemeinsamen Ordnung der Freiheit«.
10) Das Streben nach einem solchen freiheitlichen, ethischen Sozialismus auch als soziale Friedensordnung[333] scheint mir alternativlos zu sein angesichts der Abgründigkeit der derzeitigen globalen Situation des *homo abyssus*. Der *homo donans*[334] hat das Potenzial, den Abstieg in einen Zivilisationszusammenbruch – wo soziale Verwerfungen, politische Unruhen, fundamentalreligiöse Kollektivneurosen, wirtschaftliche Einbrüche, militärische Konfliktaustragungen und ökologische Krisen kumulieren zur zirkulären Kausalität von Eskalationen – zu vermeiden.

Am Anfang stand die Sorge. So hatte ich – anthropologisch anfragend – weiter oben einen Zugang zur Daseinsvorsorge gesucht. Der Mensch muss sein Dasein führen. Das ist seine Sorge, die ihn zwischen Geburt und Tod im Lebenszyklus begleitet. Arbeit ist jene Aneignung der Natur, zu der er – der Mensch als *homo laborans* – selbst gehörend, durch die hindurch sich der Mensch als Mensch (nicht immer in Würde) entwickelt. Deshalb ist der Mythos[335] des Prometheus der Archetypus dieser Daseinsproblematik. Und dabei kann der aufstrebende Mensch tief in das ikarische Meer fallen: Ikario pelagos bezeichnet ein Gebiet in der östlichen Ägäis der Gewässer südlich von Chios bis nördlich von Kos mit den Inseln Ikaria, Samos und Patmos. Das Meer wird benannt nach Ikarus, der dem Mythos nach dort ins Meer gefallen ist.

---

329 Schulz-Nieswandt F (2006) Der vernetzte Egoist. Überlegungen zur anthropologischen Basis der Sozialpolitik im sozialen Wandel. In Robertson-von-Throta C Y (Hrsg) Vernetztes Leben. Soziale und digitale Strukturen. Universitätsverlag Karlsruhe, Karlsruhe: 125-139.

330 Schulz-Nieswandt F (2017) Genossenschaftliche Selbsthilfe in anthropologischer Perspektive. In Schmale I & Blome-Drees J (Hrsg) Genossenschaft innovativ. Springer VS, Wiesbaden: 345-362.

331 Schulz-Nieswandt F (2020) Heinrich Federer (1866–1928). Soziogramm und Psychoanalyse eines leidvollen Lebens. Königshausen & Neumann.

332 Dazu auch problematisierend: Benhahib S (2013) Gleichheit und Differenz. Die Würde des Menschen und die Souveränitätsansprüche der Völker im Spiegel der politischen Moderne. Mohr Siebeck, Tübingen.

333 Tamann P R (2009) Menschenrecht, Ethik und Friedenssicherung. Der personalistische Ansatz Karl Lugmayers. Lang, Frankfurt am Main.

334 Schulz-Nieswandt F (2018) Besprechung zu: Metzger, Stephanie (2018) Homo donans. Ein Plädoyer für die Gabe: Köln: Launenweber. Zeitschrift für öffentliche und gemeinwirtschaftliche Unternehmen 41 (4): 346. Dazu auch: Schulz-Nieswandt F (2014) M.A.U.S.S. spielen! Die Gabe im multidisziplinären Blick. Über den zentralen anthropologischen Baustein der Reziprozität und Mutualität als kulturgrammatische Prinzipien der genossenschaftlichen Gestalt. Zeitschrift für öffentliche und gemeinwirtschaftliche Unternehmen 37 (1+2): 112-127.

335 Blumenberg H (1996) Höhlenausgänge. 6. Aufl. Suhrkamp, Frankfurt am Main.

Das Leben ist eine abenteuerliche Reise (wie die Odyssee oder die Argonautica), an der der Mensch scheitern kann und daher dieses Wagnis mit Mut und Liebe als Offenheit zur Welt annehmen muss. Diese Daseinsführung als Entwicklungsaufgabe wirft die Suche und Frage nach den Sinnzusammenhängen auf, in die sich der Mensch orientierend einstellt bzw., und das ist hier entscheidend, immer schon eingestellt ist. Wer bin ich? Wo stehe ich? Was kann ich wissen? Was soll ich tun? Wo soll ich hin? In dieser Geburtsstunde des Philosophierens entspringt aus dem Mythos die Idee der Polis: die Idee der Daseinsführung im sozialen Miteinander, dass sich Ordnung der Freiheit gibt: das Gute, das Wahre, das Schöne. Wie will der Mensch leben und, damit umfassend, wohnen und arbeiten?

Am Anfang stand die Sorge als Archetypus des Wirtschaftens, ohne das der Mensch als Mensch nicht existieren kann. Dieser Komplex gehört zur *conditio humana*. Der Mensch muss sich im Miteinander darüber verständigen, wie er aus seinem privaten Leben heraus die öffentlichen Dinge des Lebens regeln will. Am Anfang war ihm die Welt als eine einzige Allmende gegeben. Von Anbeginn – und eben bis heute – stellt sich die Frage, wie neben der privateigentumsrechtlichen Aufteilung der Welt (mit der Neigung des *homo abyssus* zu Macht, Dominanz, Gewalt, Ungleichheit, Diskriminierung und Ausgrenzung) der notwendige gemeinwirtschaftliche Raum (des zur solidarischen Gabe fähigen *homo donans*) entfaltet werden kann, der existenziell notwendig ist für das nachhaltige und gedeihliche Miteinander in der Dichte des Zusammenlebens im Hiatus zwischen Natur und Kultur.

Es geht nicht um eine Kritik der Ökonomisierung des Lebens, weil das Leben Ökonomik der Sorge ist. Es geht um den Modus der Ökonomisierung und um den Daimon des Ökonomismus, der die Lebenswelten der Menschen kolonialisiert und heute als digitaler Turbo-Kapitalismus 4.0 den „Weltinnenraum" umspannt und tief durchdringt, bis hinein in Geist, Seele und Körper.

Am Ende seien daher noch einige kritische psychoanalytischen Anmerkungen in kulturtheoretische Perspektive zur Sozialpathologie des mentalen Kapitalismus eingebracht.[336] Denn zum Ende der vorliegenden Essays hin sollte man sich mit der These auseinandersetzen: Heute steht die Gesellschaft mehr denn je vor der Aufgabe der Zivilisierung solipsistischer *Pleonexie* und *Alexithymie* des *homo oeconomicus* in einer letztendlich sozialautistischen Modalität des unproduktiven Narzissmus. Als Pleonexie werden, zurückreichend auf die antike Philosophie, Phänomene beschrieben, die mit dem Besitzen-Wollen und dem Haben-Modus im Vergleich zum Mitmenschen eng verknüpft sind. Es handelt sich also um neurotische Charakterverstiegenheiten. Das kann Formen der Habsucht und Gier annehmen. In seiner »Nikomachischen Ethik« bezeichnete Aristoteles die Pleonexie als eine der drei Formen der Ungerechtigkeit. Alexithymie wird heute diskutiert als ein Konzept aus der psychosomatischen Krankheitslehre. Es handelt sich um Fähigkeitseinbußen im Gefühlsempfinden.

Als Solipsismus wird in der Philosophie die metaphysische These bezeichnet, dass nur das eigene Ich existiert. Gemeint ist:

a) Methodologisch (epistemologisch) resultiert daraus die Haltung, die objektive Umwelt gäbe es nur abhängig von unserem mentalen Zugang.

336 Schulz-Nieswandt F (2018) Caring Communities in alternden Gesellschaften. Eine genossenschaftswissenschaftlich inspirierte dichte, aber auch auf Lichtung abstellende Darlegung als Metaphysik des Sozialen. Zeitschrift für öffentliche und gemeinwirtschaftliche Unternehmen 41 (3): 227-240.

b) In ethischer Hinsicht hat kann sich das Problem des Egoismus ergeben, wenn die normative Beurteilung des eigenen Verhaltens sich ausschließlich am eigenen Nutzen orientiert.
c) Rechtsphilosophisch gesehen: Damit emergieren in der Ubiquität sozialer Interdependenzen öffentlich relevante Probleme der negativen Externalitäten und somit ein Verstoß gegen das Sittengesetz.

17.3 Psychoanalytisches Zwischenfazit

Der Ausdruck Narzissmus hebt, auf den klassischen Mythos zurückreichend, psychologisch (aber auch umgangssprachlich im Alltag) die Selbstverliebtheit und Selbstbewunderung als (normativ negativ konnotierte) dominante Charaktereigenschaft eines Menschen hervor. Heute sieht man im Narzissmus aber auch produktive Quellen des (öffentlichen) Engagements für Dritte, doch ist dies eine Derivation im Sinne einer sozial verträglichen Formung. Die unproduktive, destruktive Variante ist und bleibt problematisch in der kulturkritischen Massendiagnostik.
Diese psychoanalytische Sicht ist bedeutungsvoll, um die Polarität von Eigensinn und Gemeinsinn als mentale Korrelate der ordnungspolitischen Polarität Privatwirtschaft und Gemeinwirtschaft zu verstehen. Hier liegen strukturale Spiegelungen vor. Und die mehrschichtige binäre Feldstruktur lässt sich in der Komplexität steigern: Die possessivindividualistische Mentalität des Habens als eigentumsrechtliche Begierde steht charakterlich in Polarität zur Mentalität des Seins-Wollen der Person im Mit-Sein, dass in einer Miteinanderverantwortung zur Gestalt kommt:

»Ich habe, also bin ich« ← : → personales Selbst-Sein im Mit-Sein = Ich-Apriori ← : → Mich-Erfahrung im dialogischen Zwischenraum.

Anthropologisch gesehen kommt demnach in der hegemonialen Dominanz der Sachzielorientierung in der Gemeinwirtschaft die an Emmanuel Levinas[337] anknüpfende Ethik der Vorgängigkeit des Anderen[338] zum Ausdruck. In der Formalzieldominanz der Privatwirtschaft axiomatisiert sich die Wahnvorstellung des vorgängigen Ich in der Selbstinszenierung als maskulin-heroische Ich-AG.

18. Gemeinwohl und Gabe: Liebe

Zum Ende hin sollen einige Gedanken zu einer radikal anderen Ethik der Gabe im Lichte einer Ontologie der Liebe am Horizont der Moderne ausgesprochen werden. Zentral ist die Bereitschaft in der Offenheit zum Mitmenschen, bedarfsorientiert Ressourcen zu schenken. Die Kate-

337 Lévinas E (2012) Die Spur des Anderen. 6. Aufl. Alber, Freiburg i. Br.-München.
338 Schweidler W & Tardivel-Schick E (Hrsg) (2015) Gabe und Gemeinwohl. Die Unentgeltlichkeit in Ökonomie, Politik und Theologie: Jean-Luc Marions Phänomenologie in der Diskussion. Alber, Freiburg i. Br.-München.

gorie der Gabe[339] wird traditionsreich in vielen Disziplinen (Anthropologie, Theologie und Religionswissenschaft, Philosophie, Rechtswissenschaft, Soziologie, Psychologie, Sozialökonomik, Kulturgeschichte) theoretisch anspruchsvoll und mit vielerlei empirischen Material erforscht. Die Gabe zählt als Universalie zum Kern der Evolution[340] des kulturellen Grammatik des gesellschaftlichen Zusammenlebens. Die Motive (Altruismus und Empathie) können sehr unterschiedlich sein und auch auf tiefenpsychologische Dimensionen verweisen. Es gibt auch „schmutzige" Gaben (zumindest ambivalente Motive, wie die Forschung zum „Tafeln" zeigen kann) aus Motiven des Machtwillens mit Absicht auf Allianzen oder Beherrschung des Mitmenschen als Empfänger der Gabe (Klientilismus und Euergetismus), der Demütigung, der Korruption usw.

Aus der Gabe entstehen soziale Bindungen und dynamische Systeme von Geben, Nehmen und Gegen-Gabe. Es gibt auch Phänomene der sozialen Pathologie der Gabe (bis zur Selbstzerstörung) (vgl. Phänomen destruktiver Gabezyklen wie im Fall des Potlatch-Phänomens).[341] Obwohl es um soziale Austauschbeziehungen geht, sind die Prozesse der Gabe und Gegen-Gabe nicht rein-ökonomischer Natur, sondern komplexe „totale soziale Tatsachen" mit politischen, religiösen, ethischen, rechtlichen Bedeutungsdimensionen.

Das Leben des *homo reciprocans* ist – so bekanntlich die Lebensweisheit – ein Geben und Nehmen, dies in vielerlei Hinsicht. Dieses System des gegenseitigen, wechselseitigen, nicht nur dyadischen, sondern komplexen Austausches folgt der Regel der Reziprozität von (bedingter, begrenzt unbedingter) Gabe und (freiwilliger oder obligatorischer) Gegen-Gabe. Es handelt sich um Prozesse der formenvielfältigen Netzwerkbildung, dabei bestimmten Haltungen und Motiven, bestimmten Situationen, Kontexten und Anlässen folgend, unterschiedliche Ressourcen einbringend, zeitnah oder auch zeitversetzt arbeitend: eine materielle, aber auch symbolische Sorgekultur, vielfach sinnhaft mehr als ein kalkulatorisches ökonomisches Risikomanagement. Reziprozität ist eine zentrale Kategorie des Wesensverständnisses der Kultur des Sozialen und basiert auf der Anthropologie der Gabe im Verständnis der Personalität des Menschen. Sie ist netzwerktheoretisch von morphologisch konstitutiver Bedeutung für die Logik der Caring Communities. Reziprozität kann in Netzwerken der »strong ties« und »weak ties« unterschiedliche Formen annehmen (Modus der relativen Unbedingtheit der Gabe im Überschuss; Marktmodus der Äquivalenzlogik des Tausches; negativer Modus: Nehmen ohne Geben) und kann mit Blick auf die ausgetauschten Ressourcen homomorph wie heteromorph sein, zeitnah oder (risikoreicher, daher noch vertrauensabhängiger und ansonsten eher Myopie-steigernd) auch zeitversetzt organisiert sein.

In der soziologischen Diskussion der Gabe wird der sozialpolitische Gehalt, im weiten Feld von Schenken, Opfer, Almosen, Spenden, Sorge (Care), Soziale Arbeit etc., sehr schnell evident. Angrenzende Themengebiete, wie die der kulturgeschichtlich (in Antike, Mittealter und Neu-

339 Schulz-Nieswandt F (2001) Die Gabe. Der gemeinsame Ursprung der Gesellung und des Teilens im religiösen Opferkult und in der Mahlgemeinschaft. Zeitschrift für Sozialreform 47 (1): 75-92.

340 Klein St (010) Der Sinn des Gebens. Fischer, Frankfurt am Main; Wilson E O (2013) Die soziale Eroberung der Erde. Beck, München; Hippel W v (2019) Die Evolution des Miteinanders. riva, München.

341 Schulz-Nieswandt F (2001) Der Potlatsch: Sozialpathologie des Agonalen oder Übergangsphänomen der Gabe zum vertikalen Ressourcenpooling? In ders. u. a. (Hrsg) Einzelwirtschaften und Sozialpolitik zwischen Markt und Staat in Industrie- und Entwicklungsländern Festschrift für Werner Wilhelm Engelhardt zum 75. Geburtstag. Metropolis Verlag, Marburg: 99-108.

zeit) breit erörterten Gastfreundschaft (auch hier oftmals um die Beiträge von Derrida kreisend) oder auch des Asylrechts, sind relevant, spielen sie konzeptionell in die uns hier interessierende Diskurse etwa zur inklusiven Kommune hinein. Gerade auch Wohlfahrtsstaatsanalysen rekurrieren auf Konzepte der Reziprozität als Logik sozialer Tauschbeziehungen. Nach – auf der Grundlegung im seinem Essay über die Gabe, in dem es ebenso wie in anderen Schriften um die Formen geht, in denen sich der Sinn für das Soziale[342] zum Ausdruck bringt – von Marcel Mauss[343] und den großen Beiträgen von Caillé, Hénaff, Ricoeur, Godelier und Derrida zum Themenkreis des *homo donans* sind Neuerungen in der Dynamik der Theorie der Gabe kaum noch erkennbar. Die Theoriegeschichte ist breit aufgearbeitet worden. Wie soeben ausgeführt ist aber die Literatur im Grenzbereich von Theologie und Philosophie ertragreich, wird aber in der soziologischen Diskussion kaum rezipiert. Dabei interessiert weniger das Prinzip der Reziprozität in der Theologie des Alten Testaments, in Luthers Rechtfertigungstheologie, bei Lukas oder mit Blick auf die Eucharistie.[344] Der Ertrag der Schnittstellenliteratur liegt in der Entbergung der Kategorie der Liebe aus der Figur der Gabe heraus. Es geht – um auf die Dialektik von Tun und Lassen zu rekurrieren – nicht nur um das Geben, sondern um die Gabe, die einem widerfährt.

Ethik ist nicht die Lehre von der generösen Moral der Gabe an den Mitmenschen im Kontext der Logik der Gegen-Gabe. Es ist das Gegeben-Sein des Anderen, der die unbedingte Pflicht der Verantwortung gegenüber dem Anderen eben unbedingt begründet: Es ist die Liebe, die zwecklos ist, damit eine echte reine Gabe, nicht eine Gabe mit Nebenabsichten. Weil der Andere da ist, ist er anzuerkennen. Das ist der Grund seiner Würde, nicht die möglichen Gründe der Moral des Moralisten. Die Gabe ist fraglos, in der Zwecklosigkeit begründet, weil der Andere schlicht da ist. Das Gegeben-Sein des Anderen – und hiermit unweigerlich das Werk von Jean-Luc Marion[345] aufrufend – verweist uns auf ein »Drittes«, dass nicht in Ich und Du und ihren sozialen Relationen aufgeht, damit auf die Idee der Liebe als solche. Verantwortung (als dialogische Selbstverantwortung und als Verantwortung gegenüber der Welt) geschieht um der Liebe willen, weil sie der Sinn des Seins ist. Dieses Sein selbst ist Gabe. Damit steht mit der Liebe als Sinn des Seins[346] der Andere als solcher zwecklos am Anfang jeglicher Verantwortlichkeit menschlicher Daseinsführung. Wir schulden dem Gegeben-Sein der Vorgängigkeit der geschichtlichen Welt und somit der Existenz des Anderen Verantwortung als Gerechtigkeit, Anerkennung seiner Würde, Respekt seiner Personalität, somit Solidarität, begründet im unvermeidbaren Verstrickungszusammenhang unserer narrativen Identität. Die transutilitaristische und nicht individualistisch begründete zwecklose Ethik von Emmanuel Levinas[347] wird damit in ausgeprägter Weise politisch. Damit ist Geben durchaus ein Tun, aber dies nur angesichts (im

342 Mauss M (2017) Die Nation oder Der Sinn fürs Soziale. Campus, Frankfurt am Main-New York.

343 Mauss M (2013) Handbuch der Ethnographie. Fink, München.

344 Suadi S A (2011) Essen als Christusgläubige. Die Heterotopie Paulinischer Mahlgemeinschaften. Francke, Tübingen.

345 Marion J-L (2015) Gegeben sei. Entwurf einer Phänomenologie der Gegebenheit. Alber, Freiburg i. Br.-München.

346 Vgl. auch Reiner H (1964) Der Sinn des Seins. 2., durchgeseh. u. erw. Aufl. Max Niemeyer Verlag, Tübingen.

347 Zur Differenz des Denken von Levinas im Verhältnis zum dialogischen Denken (Rosenzweig, Ebner, Buber) vgl. auch Casper B (2017) Das Dialogische Denken. Alber, Freiburg i. br.-München.

Spiegel) der Gegebenheit des Seins, das selbst schon von Anbeginn Gabe war mit der Liebe als Sinn des Seins.[348]

19. Gemeinsinn aus psychoanalytischer Sicht

Gemeinsinn ist eine Frage der Sozialcharakterbildung. Jede Gesellschaft bringt ein Spektrum von Charaktertypen hervor, wobei es als kulturelles Funktionskorrelat des ökonomischen Subsystems und seiner gouvernementalen »Regierung« im Sinne einer Wahrnehmungs-, Deutungs- und Verhaltensmusterregulierung immer eine dominante ideologische Ausrichtung gibt.

19.1 Kapitalismus und Sozialcharakter

Diese Sicht klingt strukturfunktionalistisch. Aber ist das ein Problem, diesen Zusammenhang nicht auch für unsere moderne Gesellschaft in ihrer theoretischen Durchdringung einzubauen? Die sozialcharakterliche Kultur einer Produktionsweise – heute der digital transformierte globale Kapitalismus 4.0 – ist, wenn ich soeben von einem ökonomischen Subsystem sprach, soziologisch zu verstehen. Die Produktivkräfte sind die technologischen Treiber einer permanenten Modernisierung im Sinne eines Fortschrittsdenkens, die sich einbetten in Produktionsverhältnisse, die wiederum als soziale Beziehungen im Sinne von Machtbeziehungen mit Herrschaftscharakter (zwischen Kapital und Arbeit) zu verstehen sind. Daher ist die theoretische Figur des ideologischen Überbaus nicht eine sozialontologisch getrennte Sphäre, wenngleich es auch hier eigene Sektoren (Bildungssystem, Kirche, Kunst, Werbung, Medien etc.) gibt, sondern durchdringt als »Geist« die sozialen Beziehungen. Kapitalismus ist also eben nicht nur eine Produktionsweise, sondern eine kulturelle Weise des sozialen Lebens, beruhend auf subjektivierende Vergesellschaftungsprozesse. Die neueren Theorien des mentalen bzw. kognitiven und ästhetischen Charakters des Kapitalismus greifen diese Sichtweise durchaus treffend auf. Gerade mit Blick auf die Konsumkultur der Produktionsweise ist die Warenästhetik der Selbstinszenierung des auf Mythos, Kultus und Ritus basierenden performativen Kapitalismus herauszustellen. Die Diagnostik des Kapitalismus als Religion hat daher eine gewisse Plausibilität, wenngleich hier differenzierend noch mehr zu sagen wäre.

Will man den Kapitalismus begreifen, so wird man die Prozesse der Vergesellschaftung der Subjektivierungsformen verstehen müssen, Pierre Bourdieu hatte sein Forschungsselbstverständnis heuristisch dazu passend als Synthese von Strukturalismus (der Figuration sozialer Relationen) und Hermeneutik (des Habitus der Menschen in ihren Rollengefügen) bezeichnet. Karl Marx sprach von »Charaktermasken«, wobei der Begriff der Maske zu problematisieren wäre, denn die moderne Auslegung als Verbergungspraktiken der wahren Identität steht im Spannungsverhältnis zur kulturgeschichtlich weiteren Sicht, in der Masken auf die sozialontologische unabdingbare Funktion verweisen, wonach personale Identität immer nur im Modus von Rollen im der Selbstinszenierung des gesellschaftlichen Funktionsgefüges wirklich sein

348 Stein E (1950) Endliches und ewiges Sein. Versuch eines Aufstiegs zum Sinn des Seins. Herder, Freiburg i. Br.

kann. Das haben Helmuth Plessner und Georg Simmel verstanden, während Ralf Dahrendorf im Lichte seines normativen Liberalismus seinen *homo sociologicus* a priori im Spiegel eines Entfremdungszusammenhangs zur »ärgerlichen Tatsache der Gesellschaft« eingestellt hatte. Vielleicht liegt genau hier ein Beispiel für eine Ideologie vor, die die anthropologische Kategorie der Rolle als Problem der Freiheit pathologisiert. Der Mensch ist aber im Sinne seiner narrativen Identität immer nur der »Knotenpunkt seiner sozialen Beziehungen«: Wo und wie sonst soll er sich »individuieren« als Persönlichkeit im personalen Status als im Kontext seiner sozialen Kreise, in denen er eingebettet ist?

19.2 Das Ich als Funktion der MICH-Erfahrung

Aus der Sicht der Metaphysik des Personalismus, dabei phänomenologisch nicht weit entfernt von sozialontologischen Einsichten des symbolischen Interaktionismus und des Pragmatismus, ist das ICH als ein Selbst der MICH-Erfahrung in der dialogischen Anrufung durch das DU[349] kein transzendentales cartesianisches Subjekt, sondern (wie im Post-Strukturalismus) dezentriert: Das eröffnet uns nun den Blick auf die Tiefengrammatik des Vergesellschaftungsprozess, die von der (nicht unbedingt konservativ enggeführten) Familiensoziologie über die neuzeitliche Staatstheorie[350] der Moderne zur Dispositivordnung der gouvernementalen Kultur von »Kapitalismus 4.0« führt.

Wie in der Kritischen Theorie der Frankfurter Schule können wir diesen Weg nicht ohne Psychoanalyse als Kulturtheorie gehen.

Maßstab einer positiven Skalierung gelungener Vergesellschaftung im Sinne einer Gemeinsinnfähigen Ich-Bildung wäre der Goethesche personale Sozialcharakter, der »zwei Herzen in seiner Brust« hätte. Er (als ein Ego E) würde seine Gestaltbildende Sinnstruktur (U_p) der Daseinsführung sowohl auf den Gemeinsinn (GS) als auch auf den Eigensinn (ES) ausrichten. Allerdings ist diese semantische Struktur nicht als ein »trade-off«-Feld zwischen GS und ES zu verstehen. Die menschliche Person kann nur im Copula-Modus ($\cap$) des Mit-Seins ein Selbst-Sein verwirklichen. Dieser »personale Goethe-Typus« folgt der sozialen Geschehensgrammatik

$$U_P\,(E \cap AE).$$

Altruismus auf dieser Abstraktionsebene bedeutet ein Streben nach der Copula-Lösung:

$$\{\partial\, U_E > 0 \text{ in Copula mit } \partial\, U_{AE} > 0\}.$$

Wohlfahrtstheoretisch als tugendethisch unzulässige, weil sittenwidrige Lösung ist anzusehen:

$$\{\partial\, U_E > 0 \text{ als schuldhafte Kausalität für } \partial\, U_{AE} < 0\}$$

349 Wojcieszuk M (2015) Der Mensch wird am Du zum Ich. Eine Auseinandersetzung mit der Dialogphilosophie des XX. Jahrhunderts. Springer VS, Wiesbaden.

350 Roth K (2011) Genealogie des Staates. Prämissen des neuzeitlichen Politikdenkens. 2., durchgeseh. Aufl. Duncker & Humblot, Berlin.

Das Gelingen des Selbst als Eigensinn E ist phänomenologisch in die eigene MICH-Erfahrung des Alter Ego (AE) als ein DU eingebunden.[351] In gesellschaftstheoretischer Hinsicht reicht eine solche Phänomenologie der sozialen Dyade der Dialogizität von Ich und Du nicht hin. Die soziale Dyade mag ein Nukleus für die Soziogenese der Gemeinsinn-orientierten Haltung sein. Die Gemeinsinnorientierung bezieht sich also auf das abstrakte »Dritte«: Gemeint ist die Gesellschaft als Idee des gelingenden Miteinanders als Zusammenhalt.

Alter Ego ist also nur eine personale Symbolfigur für die Idee der Polis als transzendentale Einbettung der Individuation (wenn wir den Begriff von Jung in meinem Sinne von Personalisierung nehmen). Der generative Mechanismus benennt das Thema der Soziologie der Erziehung und Sozialisation auf entwicklungspsychologischer Grundlage. Vor allem die Bindungstheorie sei hier angeführt. Diese wird von mir hier nun im Rahmen einer Theorie des psychischen Arbeitsapparates eingebaut. Gemeinsinn ist das Ergebnis gelingender Bindung und somit positiver Bindungserfahrung als Grundlage für Bindungsfähigkeit und Weltoffenheit. Die psychodynamischen Gleichgewichte von Nähe und Distanz, Offenheit und Verschlossenheit seien gegeben und somit auch ein Gleichgewicht in der habituellen Disposition von Geben und Nehmen. Es handelt sich also um liebesfähige Subjekte, die die Ur-Angst in der Aktualisierung von Ur-Vertrauen kompetent zu bewältigen wissen.

19.3 Der psychische Arbeitsapparat in der Krise

Mit Blick auf die augenblicklichen Kulturkrisen der globalisierten Lebenswelt kapitalistischer Gesellschaften mag sich hierbei die Gefahr abzeichnen, dass sich die Öffnung zu einer Mehrheitsgesellschaft des extremen Rechtskonservatismus wie im Umkreis des Ersten Weltkrieges als Epoche der Angst und der Nervosität sowie der geistigen Obdachlosigkeit und der mit ihr korrelierenden seelischen Regression zum kollektiven (nationalen) Symbiosewahn im Übergang zum Nationalsozialismus steigert zur Genese einer zum Autoritarismus affinen Selbstdestruktivität: das vom kapitalistischen Geist zur Seinsvergessenheit getriebenen Charakterneurose

U_E (E) als alexthymer Typus pleonexialer Agressivitat der Ich-AG

kippt nun um in einen primitiven Gemeinschafts-Kollektivismus:

U_E (A_E) als Insider einer nach Da-Draußen der Outsider aggressiven Horde eines Wir der bedrohten Uns-Erfahrung.

Das personale Zeitalter des Goethe-Typus ist – wie Michel[352] beschrieben hat – erodiert durch die Kultur der Ich-AG, die sodann durch infolge der generierten Desintegration (wie viele Studien zur Entstehung des Faschismus zeigen konnten) umkippt in die Wir-Gemeinschaft als bedrohte Uns-Erfahrung.

351 Ricoeur O (1996) Das Selbst als ein Anderer. Fink, München.

352 Michel E (1959) Der Prozeß »Gesellschaft contra Person«. Soziologische Wandlungen im nachgoetheschen Zeitalter. Klett, Stuttgart. Ferner Michel E (1951) Rettung und Erneuerung des personalen Lebens. Verlag Josef Knecht, Frankfurt am Main.

Die Menschen dieser gesellschaftlichen Transformationsdynamik haben ihr psychodynamisches Gleichgewicht verloren, vielleicht auch nur defizitär erlernt. Die sittliche Ordnung der Freiheit funktioniert nicht ohne erfolgreiche Erziehung zum Gemeinsinn jenseits von Individualismus und Kollektivismus. Die Einschreibung (im Sinne der psychoanalytischen Theorie von Lacan) der Werte von 1789 als Über-Ich im psychischen Arbeitsapparat des Menschen im Sinne von Platon's Metapher der »Wachstafel« gelingt nicht, zugleich resultiert eine Ich-Schwäche durch die zur neurotischen Verstiegenheit treibenden Aktualisierung des Es durch die Einschreibung des kapitalistischen Geistes: Das kapitalistische Es dominiert ein schwaches Ich, das kaum das Über-Ich der Werteordnung von 1789 im inneren Kampf der Seele aktivieren kann. Die Transformation der Libido mittels der sozialen Phantasie und Kreativität des Eros als »Magma«[353] im Menschen hin zur Philia und Agape gelingt nicht.
Die von Durkheim in seiner Methodologie der Soziologie[354] formulierte Regel, das »Soziale durch das Soziale« zu erklären, verweist uns hier auf Sozialpathologien der Vergesellschaftung als generative Mechanismen. Der kapitalistische Geist schreibt sich effektiv ein in die Seele, so dass das Es ein schwaches Ich hegemonial dominiert, während das soziale Über-Ich im Geist von 1789 verkümmert. Das Ich (als mütterlicher »Herr im Hause«) reitet nicht gleichgewichtig beide Pferde des Wagens der menschlichen Persönlichkeit. Der Wagen verunglückt, weil das eine Pferd – getrieben von der Beschleunigung des mentalen Kapitalismus – eskalierend das andere schwache Pferd zum Stolpern bringt.

19.4 Das Schicksal moralischer Erziehung im Kapitalismus

Offensichtlich gelingt die primäre Vergemeinschaftung in dem Setting, das Familie genannt wird (und morphologisch heute nicht mehr reduziert werden kann auf die Form der heterosexuellen Ehe), nicht in dem Sinne, wie das Völkerrecht der UN-Grundrechtskonvention des Kindeswohls es versteht, wenn von einer Atmosphäre der Liebe, Geborgenheit, Vertrauen, Empathie[355] spricht. Doch Familie hat im Kontext der Gesellschaft nur eine relative Autonomie, wie sie als Setting selbst transaktional geprägt ist von der Einbindung in die wirtschaftlichen, politischen, kulturellen und sozialen Kräftefelder, die ihre Umwelt darstellen. Dieser Makrokontext prägt das Sozialisationsgeschehen in der Mikrowelt der Familie in der privat-häuslichen Lebenswelt und generiert so die Pathogenese des Sozialen. Wenn Kindheit nicht glückt, funktioniert eine Gesellschaft von Menschen mit charakterlichen Verstiegenheiten nicht mehr als Geschehensort von Solidarität als Kultur der Chancengleichheit[356] »Aller« mit dem Telos der freien Entfaltung der Persönlichkeit im Rahmen von reziproker Rücksichtnahme des Mitmenschen. Es gibt ein Wir und ein Uns im personalen Zeitalter der Goetheschen Kultur starker, psychodynamisch ausgeglichener, also nicht-neurotischer Persönlichkeiten. Eine solche Kultur lebt die

353 Castoriadis C (1990) Gesellschaft als imaginäre Institution. Entwurf einer politischen Philosophie. Suhrkamp, Frankfurt am Main.
354 Durkheim E (1984) Die Regeln der soziologischen Methode. 9. Aufl. Suhrkamp, Frankfurt am Main.
355 Harbou F v (2014) Empathie als Element einer rekonstruktiven Theorie der Menschenrechte. Nomos, Baden-Baden.
356 Schulz-Nieswandt F (2006) Chancengleichheit und Sozialstaat. Archiv für Theorie und Praxis der sozialen Arbeit 37 (4): 4-18.

Libido als Ökonomik der Begierde als gelingendes Gemeinwesen auf der Grundlage eines ausgebildeten Gemeinsinns.

Eine solche Gesellschaft wird existenziale Sektoren der Daseinsvorsorge vom Geist des Kapitalismus freihalten, weil sie mit Blick auf die Sakralität der Würde der Person tabu sind. Der Religion des Kapitalismus wird hier eine (gottlose) Religion der Liebe als Kraftquelle der Sorgekultur der Ideenwelt des Personalismus entgegengehalten. Sie wird als Politik der Ermächtigung im sozialen Bundessstaat der demokratischen Kommune Aufträge der unmittelbaren Sicherstellung übertragen und sie dazu befähigen, und die freien Träger der Gemeinschaft dort, wo Gewährleistung und Sicherstellung auseinanderfallen sollen, die öffentlichen Aufgaben übertragen. Unmittelbare wie mittelbare Sicherstellung der Daseinsvorsorge bedarf der Kultur der Dienstgesinnung als Sachzieldominanz bei Förderung der Kosten-Effektivität als Nebenziel.

20. Schritte aus dem Dunkel

Immer schon treibt in der Epoche der Moderne der prometheische Geist eine Modernisierung[357] voran, deren metaphorische Geometrie recht primitiv ist: Linearität, im Wahn zur Exponentialfunktion gebogen. Doch für die Wahrnehmungswelt der »Klonsynthese« von *homo faber* und *homo oeconomicus* hat die Fortschrittskurve eine gewisse Ästhetik, wie auch der mentale Kapitalismus eine Ästhetik der Marke, einen Fetischismus der Warenproduktion und einen Animismus der Dinge zu seinem Wesen zählt. Doch irgendwann überdreht sich die Exponentialfunktion nach links in eine verformte Kreisbewegung und der Fortschritt fällt von der berühmten Leiter wie einst Ikarus ins Meer. Das ist die Abgründigkeit, die in der dramatischen Poetik narrativer Wissenschaft in der Figur des *homo abyssus* verdichtet wird. Im patriarchalischen Zeitalter der noch männerbündischen Polis wurde diese Figur in der »Büchse der Pandora« symbolisiert, doch ganz schuldlos waren die Männer in ihrer Neugierde ja am Verlauf dieser Geburtsstunde des Menschen nicht, wahlverwandt erzählt in der Genesis. Doch die Neugierde musste zwingend in das Drehbuch des Lebens eingeflochten werden, denn nur so konnte die Wahrheit des Daseins – völlig analog in dem Mythos von Orpheus und Eurydike im Hades – erzählt werden: die Differenz zwischen den Göttern und dem gottähnlichen Menschen, dessen Wesen von der Freiheit, der Sorge, der Liebe, und der Würde, aber auch von der Unmöglichkeit der Schuldlosigkeit und von der Unvermeidbarkeit des Todes erzählt.

Was sind die Schritte aus der Gefahr? Theoretisch leitend ist hier eine auf die »ontologische Differenz« von Martin Heidegger rekurrierende Synthese aus a) Kritischer Theorie und b) der dynamischen Prozessontologie des Noch-Nicht der Geschichtsphilosophie von Ernst Bloch sowie c) der politischen Theologie des religiösen Sozialismus von Paul Tillich.

Es ist Aufgabe der Kritischen Theorie, die »uneigentliche« soziale Wirklichkeit an der »eigentlichen« Wahrheit[358] der Idee der Personalität des Menschen zur skalieren: Das ist die besagte Metaphysikbedürftigkeit der Sozialforschung, denn empirische Befunde sprechen nicht zu uns,

357 Nusser K H (2005) Über die Wurzeln des demokratischen Gemeinwesens. Oder: der Fortschritt und die Sorge um den Menschen. Alber, Freiburg i. Br.-München.

358 Buttiglione R (2019) Die Wahrheit im Menschen. Springer VS, Wiesbaden.

man muss sie zum Sprechen bringen: Was bedeuten sie für uns? Die Frage hinter dieser Frage als Befragung der Empirie lautet: Kommt der Mensch dahin, sein Wesen Wirklich-werden zu lassen, also eine Form zu geben, kritisch fragend, ob und wie denn der Mensch eine wahre Gestalt in dieser unwahren Welt annehmen kann. Deshalb ist kritische Soziologie in Bezug auf diesen Weltinnenraum eine Ästhetische Theorie der sozialen Wirklichkeit: Kritische Metaphysik handelt diese Fragen einer Metamorphose des menschlichen Daseins im geschichtlichen Zeitstrom, als Entelechie, vom Gott Kairos indiziert, von Hermes als göttlicher Begleiter der Odyssee des Menschen gebahnt, von Athena liebesvoll unterstützt. Es ist eine Reise angesichts des Noch-Nicht der Wahrheit. Es geht demnach um das dionysische (also transgressive, Ekstase-artige) Träumen der Alterität einer neuen, höheren apollinischen Ordnung der Wahrheit des Daseins der menschlichen Existenz. Diese ist orientiert an der Strukturwerten der Sattelzeit von 1789: Solidarität als transzendentale Voraussetzung der Chancengleichheit »Aller« als transzendentale Voraussetzung des Grundrechts auf freie Entfaltung der Persönlichkeit im Lebenslauf im habituelles Modus der gegenseitigen Rücksichtnahme.

Fasse ich vor diesem theoretischen Hintergrund die Schritte meiner Entfaltung des Themenfeldes zusammen:

Schritt 1: ***Die normative »Sattelzeit« der Revolution von 1789 in ihrer inneren Prozesskausalität gedacht***: redistributive Gerechtigkeit der Solidarität (S) → Chancengleichheit als distributive Gerechtigkeit (G) → gemeinsame als gleichzeitige Freiheit (F) im Sinne einer Unionsbürgerschaft.

Schritt 2: ***Von der passiven zur aktiven Inklusivität***: Freiheit meint aus der Sicht des jemeinigen Ego zunächst selbstständige Selbstbestimmung. Inklusive Teilhabe meint aber nicht nur den Zugang zu passiven Nutzung von wirtschaftlichen, politischen, sozialen und kulturellen Gütern des Gemeinwesens, sondern eine partizipative Aneignung, die an der Gestaltung des Gemeinwesens mitwirkt.

Schritt 3: ***Personalismus als anthropologische Grundlage***: Diese {S → G → F}-Grammatik ist eine Sozialontologie der (apollinisch) geordneten (dinoysischen) Freiheit. Telos des geschichtlichen Prozessgeschehens ist die Personalisierung des Menschen.

Schritt 4: ***Essenzkern dieser Form-Entelechie***: Die Würde der Person ist die Basis, die die sakrale Voraussetzung des säkularisierten sozialen Rechtsstaates darstellt.

Schritt 5: ***Mehr-Ebenen-Rechtsregime***: Dieser Essenzkern ist eingebettet in die normativ kohärente Rechtsphilosophie des Mehr-Ebenen-Systems der Rechtsregime der UN-Grundrechtskonventionen, der EU-Grundrechtscharta des EUV und des AEUV, des bundesdeutschen GG und des Systems der SGB und der Eigengesetzlichkeit der Bundesländer.

Schritt 6: ***Die Hierarchie der Disziplinen***: Die Ökonomik kosten-effektiver institutioneller Lösungen ist eingebettet in die Rechtsregime, diese sind an den Geist der Ethik der Sittlichkeit der Freiheit gebunden, die Ausdruck der personalistischen Anthropologie auf ontologischer Grundlage ist.

Schritt 7: ***Ontologische Grundlage***: Liebe als Gabe ist als Sinn des Seins die Kraftquelle, um aus dieser Quelle heraus im Lichte sozialer Gerechtigkeit das Zusammenleben demokratisch als Friedensordnung zu gestalten.

Schritt 8: ***Metaphysik der Form***: Die Schritte 1 bis 7 finden ihre Gestaltwahrheit in der genossenschaftlichen Form des Sozialraums als Geschehensort der Ökonomik der Sorge aus dem Geist der Gabe, ausmündend in komplexe Formen der Mutualität im Sinne des Reziprozitätsprinzips.

Schritt 9: ***Die Rolle der Gemeinwirtschaftslehre***: Die Gemeinwirtschaftslehre behandelt morphologisch die erfahrungswissenschaftliche Frage nach generativen Formen des Wirklich-Werdens der Essenz (als Metamorphose des Menschen) in ihrer Formwerdung.

Schritt 10: ***Ordnungspolitische Grundsatzentscheidungen notwendig***: Gemeinwirtschaft der Zukunft kann sich nicht beschränken auf eine Unternehmenstypenvielfalt im Wettbewerb der Marktunternehmen. Es muss im Geist der Allmende freie Gemeingüter geben, die zu Ausnahmebereiche des kapitalistischen Geistes erklärt werden. Privatwirtschaftlich dominierte Märkte benötigen nach wie vor sodann effektive Regulierungen.

21. Der soziale Rechtsstaat als Garant der Freiheit, Genossenschaft als solidarische Form dieser Freiheit

Komplexe Gesellschaften der Moderne können nach gegenwärtiger realistischer Position nur von einem sozialen Rechtstaat gestaltet werden. Gerechtigkeit ist hierbei der Leitstern. Dem dient auch die rationale[359] Bürokratie,[360] ohne die nur persönliche Willkür im Verfahrenswesen des Regierens herrschen würde. Die Korruption ist ein Weltweites Übel. Insofern wäre ein Lob[361] auf den rationalen Typus der modernen Leistungs- und Ordnungsverwaltung angebracht.[362] Hier haben öffentliche Unternehmen als Sicherstellungsinstrumente der Gemeinwirtschaftlichkeit der öffentlichen Daseinsvorsorge als Sorgeökonomik eine fundamentale Rolle zu spielen.

Unterhalb dieser Ebene der Staatlichkeit als Form, die sich die Gesellschaft geben muss, wäre der kommunale Raum eine Lebenswelt, die von der Idee der moralökonomischen Sozialraumbildung geprägt sein muss. Und hier ist die soziale Welt genossenschaftsartig zu denken. Aus der Metaphysik der Person resultiert die »hylemorphe Vision«, in der genossenschaftlichen Form die Gestaltwahrheit der Personalität wachsen zu sehen, so wie einst das frühe Christentum sich organisierte in der genossenschaftlichen Form des hellenistischen Vereins. Auch Martin Buber's Idee des Genossenschaftssozialismus erinnert an die jüdischen Ursprünge des Christentums als vorderasiatische Erlösungsreligion. Jesus war ja kein Christ, sondern, wie die Soziologie und historische Psychologie der Zeit des Neuen Testament zeigen konnte, als charismatischer Wanderprediger der Führer einer intrajüdischen Sekte. Auf das »Hier und Heute« verweist uns die Idee der Genossenschaft. Mit ihr ist die Geschichte die Bühne einer Eschatologie des Heils, die kein Jenseits (um an Max Stirner anzuknüpfen) und keine finale Apokalypse kennt, sondern nur die Jetzt-Zeit des Weltinnenraums.

Aus der Kraftquelle der Liebe im Lichte sozialer Gerechtigkeit die Macht in der Politik an die Demokratie binden, dass ist, nahe an Paul Tillich gedacht, der Traum, von dem Walter Benja-

359 Schluchter W (2009) Die Entzauberung der Welt. Mohr Siebeck, Tübingen.

360 Schluchter W (1985) Aspekte bürokratischer Herrschaft. Suhrkamp, Frankfurt am Main.

361 Kersten J, Neu C & Vogel B (2019) Politik des Zusammenhalts. Über Demokratie und Bürokratie. Hamburger Edition, Hamburg.

362 Vgl. auch Seibel W (2016) Verwaltung verstehen. Eine theoriegeschichtliche Einführung. 3. Auf. Suhrkamp, Berlin.

min[363] als Erinnerung an eine noch nicht erfüllte Zukunft – was Hoffnung meint – handelte, bevor er sich auf der Flucht vor den Nazis tötete. Genossenschaft ist die Selbstverwaltung der selbstorganisierten Gegenseitigkeitshilfe aus der Motivhaltung der »Miteinanderverantwortung« heraus.
Der säkulare soziale Rechtsstaat hat, eine Formulierung von Derrida[364] aufgreifend, aber anders deutend, mit Blick auf seine „Gesetzeskraft" einen „mystischen Grund der Autorität": die heilige Ordnung der Menschenwürde. Das personalistische Menschenbild beseelt somit das Recht in einer Art und Weise, die den Staat als Genossenschaft, von der schon Kant in weltbürgerlicher Absicht träumte, denken lässt.[365] Das Recht und somit der Staat der liberalen Demokratie bleiben in einem Dualismus zur bürgerlichen Gesellschaft positioniert, aber Recht und Staat sind transzendental zu denken, also als Ermöglichung einer Gesellschaft der Miteinanderverantwortung. So gesehen ist die „Menschenpflicht"[366] die Komplementärgröße zum Menschenrecht. Menschenrechte müssen auch in der konkreten sozialen Praxis Fluchtpunkte – „Kompass"[367] – aller Denkweisen und sozialen Praktiken sein. Das wird u. a. in für die Pflegepraxis zunehmend diskutiert.[368] Das Recht[369] (auch, eingebettet in die Mentalitätsgeschichte, als Objektivierung von Ideen und als Kultur sozialer Praktiken) ordnet das Leben als ein Zusammenleben und drückt die grammatischen Regeln aus.

22. Grenzen und Möglichkeiten der Vermessung von Lebensqualität

Hier wird man nicht soweit kommen müssen, dass Indikatorensysteme zu einem Index der Inklusion, wie es im Bereich des Schulwesens bereits erfolgreich vorangetrieben wurde, verdichtet werden und sodann doch wiederum die übliche neoliberale Ideologie der »Vermessung« als Instrument der Steuerung walten lässt, und die Politik als empirische Ontik des ontologisch fassbaren Politischen erneut zur wettbewerblichen Evaluation von Sozialingenieuren verkümmern lässt. Dennoch wird man die bereits vorliegenden komplexen Modelle zur Lebensqualität[370] aufgreifen müssen. Mit dem Fluchtpunkt der Würde kommen hier Rechtsbegriffe der Selbständigkeit und Selbstbestimmung, der konsumtiven, aber auch partizipativen, institutionellen Teilhabe und der Aktivierung (im Sinne der Aktualgenese) zur Anwendung. Sicherheit

363 Benjamin W (2008) Träume. 2. Aufl. Suhrkamp, Frankfurt am Main.
364 Derrida J (1991) Gesetzeskraft. Der „mystische Grund der Autorität". 8. Aufl. Suhrkamp, Frankfurt am Main.
365 Brunkhorst H (2002) Solidarität. Von der Bürgerfreundschaft zur globalen Rechtsgenossenschaft. 2. Aufl. Suhrkamp, Frankfurt am Main.
366 Assmann A (2018) Menschenrechte und Menschenpflichten. Schlüsselbegriffe für eine humane Gesellschaft. 2. Aufl. Picus, Wien.
367 Eberlei W u. a. (2018) Menschenrechte – Kompass für die soziale Arbeit. Kohlhammer, Stuttgart.
368 Fix E & Kurzke-Maasmeier St (Hrsg) (2009) Das Menschenrecht auf gute Pflege. Lambertus, Freiburg i. Br.; Piechotta-Henze G & Dibelius O (2020) Menschenrechtsbasierte Pflege. Hogrefe, Göttingen; Niederhametner P (2016) Verletzungen von Menschenrechten vermeiden. Facultas, Wien; Schmidhuber M u. a. (Hrsg) (2019) Menschenrechte für Personen mit Demenz. transcript, Bielefeld; Frewer A u. a. (Hrsg) (2020) Gute Behandlung im Alter? transcript, Bielefeld.
369 Grossi P (2010) Das Recht in der europäischen Geschichte. Beck, München; Wesel U (2001) Geschichte des Rechts: Von den Frühformen bis zur Gegenwart. Beck, München.
370 Knecht A (2010) Lebensqualität produzieren. Ressourcentheorie und Machtanalyse des Wohlfahrtsstaats. VS, Wiesbaden.

und Geborgenheit spielen eine Rolle. Aber die Vorstellung von Lebensqualität kann darauf nicht regressieren. Eine »Respektkultur statt subtile Mechanismen struktureller Gewalt«[371] und »Achtsamkeit[372] statt apotropäische Haltungen des Ekels und der Angst« müssen den Geist der Settings prägen. Dann wird Qualitätsmanagement jedoch mit Instrumenten der Sozialforschung gesichert, nicht mehr durch den behördlichen Dokumentationsfetischismus von Strukturqualitätsmerkmalen. Die beste Politik der Qualitätssicherstellung ist eine Kultur der Kommunikation in den Institutionen, geprägt von offener Kritik und Konfliktbewältigung. Das ist eine systemische Sichtweise auf die institutionelle Performativität des Lernens[373] der Organisationen[374] und bedarf guter Führung.

Dazu gehören z. B. die zur Selbstverständlichkeit werdende Arbeit am Habitus der Professionen und zivilgesellschaftlich involvierte Akteure, unterstützt z. B. mit Skalen zur Messung von authentischer und achtsamer[375] Inklusionseinstellung. Darauf müsste sich sodann auch eine »Menschenrechtsbildung«[376] passend beziehen lassen. Organisationen müssen zur Lernwerkstatt werden, nicht zu Orten panoptischer Routine der Verwaltung sozialer Probleme.

Ich rede also über einen eher »mutativ« zu verstehenden Kulturwandel, nicht über ein technisches Change Management des Stellschrauben-Denkens der bereits zitierten Sozialingenieure.

23. Gemeinwohldenken im Lichte des modernen Naturrechts der Würde als teilhabende Freiheit

Europa als »Kulturkreis«? Ein Begriff, der auf die Ethnologie von Leo Frobenius zurückgeht, bezeichnet mit der Kategorie der »Paideuma«[377] (Kulturseele) eine in einem sozialen Raum gesellschaftlichen Zusammenlebens – modern ausgedrückt – dominierende kollektiv geteilte Denkweise und ein hegemoniales Weltbild. Was könnte hier dennoch in zentraler Weise kulturmorphologisch von konstitutiver Bedeutung sein? Art. 2 GG bindet die Idee der Freiheit, die den Wesenskern der Würde nach Art. 1 GG bestimmt, an die Sittlichkeit der empathischen Rücksichtnahme an das identische Grundrecht der Freiheit des Menschen als Mitmensch und an die Formel: sofern es „nicht gegen die verfassungsmäßige Ordnung (…) verstößt.“ Die Bedeutung von 1789[378] besteht nicht nur in der Idee der Freiheit, sondern auch in der Solidarität der egalitären Chancen zu dieser Freiheit.

Im Kontext des vorliegenden Essays ist eine Konsequenz zu ziehen: Wie muss in diesem Sinne und im Lichte einer Kritik eines »Ökonomismus« als Imperialismus des *homo oeconomicus*

371 Mierzwa R (2020) Strukturelle Gewalt überwinden. Mit der Reich Gottes-Theologie auf dem Weg zu einer geschwisterlichen Gesellschaft. Tectum in Nomos, Baden-Baden.

372 Conradi E & Vosman F (Hrsg) (2016) Praxis der Achtsamkeit. Schlüsselbegriffe der Care-Ethik. Campus, Frankfurt am Main-New York. Vgl. ferner Schmidt J (2020) Achtsamkeit als kulturelle Praxis. transcript, Bielefeld.

373 Felbinger A (2009) Kohärenzorientierte Lernkultur. VS, Wiesbaden.

374 Hemel U u. a. (Hrsg) (2012) Habituelle Unternehmensethik. Von der Ethik zum Ethos. Nomos, Baden-Baden.

375 Schulz-Nieswandt F (2010) Eine Ethik der Achtsamkeit als Normmodell der dialogischen Hilfe- und Entwicklungsplanung in der Behindertenhilfe. Josefs-Gesellschaft, Köln.

376 Weyers St & Köbel N (Hrsg) (2016) Bildung und Menschenrechte. Springer VS, Wiesbaden.

377 Frobenius L (1953) Paideuma. Umrisse einer Kultur- und Seelenlehre. Eugen Diederichs Verlag, Düsseldorf.

378 Krauß H (Hrsg) (1989) Folgen der Französischen Revolution. 2. Aufl. Suhrkamp, Frankfurt am Main.

und als Hegemonie des zweckrationalen Effizienzdenkens die Wirtschaftsordnung gestaltet werden? Das ist die Frage der vorliegenden streitigen Essays. Doch ich hole nochmals weiter aus.

23.1 Der archimedische Punkt der europäischen Kultur: Soziale Grundrechte als Menschenrechte

In unserem Zusammenhang spielt mit Blick auf Europa die Charakterisierung der christlich geprägten[379] Kulturgeschichte der Genealogie der Staatsbildung im Funktionsgefüge mit der gesellschaftlichen Modernisierung als psychohistorische Verankerung autoritärer Hierarchien im Modus einer »Schuldkultur«[380] eine besondere Rolle.[381] Dabei ist die Unterscheidung von Schuld- und Schamkultur nicht in strikter Dichotomie zu verstehen; beide Kulturen basieren auf psychischen Verinnerlichungsprozessen, sodass man außereuropäische Kulturen nicht als non- oder a-individual bezeichnen kann, ebenso wie es in Europa auch Schammechanismen gibt. Es geht also um die Hypothese eines Funktionsgefüges der Korrelation von Kulturstil und Seelenlage, entwickelt in der Geschichte der Wechselwirkung von Umwelt und Erziehung. Für den vorliegenden Zusammenhang (auch im Kontext des angeführten Zivilisationsmodells von Senghaas)[382] stellt sich die Frage nach der Möglichkeit eines europäischen Rechtskulturkreises, der sich um die Idee der Menschenrechte dreht.

Schon in früheren Arbeiten[383] spielten diese Fragen bei meiner Einschätzung von der Systemtransformation als Problem der sozialen und politischen Kultureinbettung der ökonomischen Modernisierung eine Rolle. Das menschliche »Daseinsgesamt«, wie es Alfred Weber in seiner Kultursoziologie,[384] worüber eine breite Sekundärliteratur aufklärt, definierte, besteht eben im Gefüge von Zivilisation und Gesellschaft (beide Wirtschaft, Technik, Staat und Wissenschaft umfassend) sowie Kultur, wobei es zu Ungleichzeitigkeiten, Spannungen und Trennungen kommen kann. Der Zusammenhang zwischen Gemeinwohl und Wohlstand kann nur aus diesem Struktur- und Funktionsgefüge heraus versanden werden. Als »Kathedersozialist«, mit einer differenzierten Auffassung zum Werturteilsfreiheitspostulat ausgestattet, wusste er um das zentrale Bindeglied der sozialen Gerechtigkeit. Von Interesse ist nun, dass auch bei Wilhelm Röpke, zu dem es ebenfalls eine breite Sekundärliteratur gibt, die Wirtschaft eingebettet sein muss im Gefüge von Recht, Moral Sitten, Normen und Werte und dass der soziale Schutz der Bevölkerung »außerhalb (jenseits) des Marktes« von der Politik organisiert werden muss, dabei in der Menschenwürde den fundamentalen Fluchtpunkt der Sichtweise aufweisend. Man wird sich

379 Veyne P (2011) Als unsere Welt christlich wurde. Beck, München.

380 Benedict R (2006) Chrysantheme und Schwert. Formen der japanischen Kultur. Suhrkamp, Frankfurt am Main; vgl. auch in Dodds E R (1970) Die Griechen und das Irrationale, Wissenschaftliche Buchgesellschaft, Darmstadt.

381 Zur Geschichte des Gewissens: Kittsteiner H D (1995) Die Entstehung des Gewissens. Suhrkamp, Frankfurt am Main.

382 Vgl. auch Menzel U (Hrsg) (2002) Vom Ewigen Frieden und vom Wohlstand der Nationen. Suhrkamp, Frankfurt am Main.

383 Schulz-Nieswandt F (1997) Ökonomische Transformation und politische Institutionenbildung. In: Cassel D (Hrsg) Institutionelle Probleme der Systemtransformation. Duncker & Humblot, Berlin: 69-94.

384 Weber A (1997) Kulturgeschichte als Kultursoziologie (1935;1950). Metropolis, Marburg.

aber hier vom ORDO-Liberalismus nicht täuschen lassen. Egon Edgar Nawroth[385] hat in seiner gründlichen wirtschafts- und sozialphilosophischen Studie zeigen können, dass der sog. Personalismus von Röpke über den alten individualistischen Liberalismus nicht hinausgeht. Man wird also über das „Außerhalb (jenseits) des Marktes" von Röpke weit hinausgehen müssen, ebenso über das Programm seines Sozialschutzes und die Menschenwürde als sittliche Einbettung der Wirtschaft radikaler und fundamentaler denken müssen. Aus der Sicht von Nawroth reicht die Position von Röpke nicht einmal hin, um den Ansprüchen christlicher Soziallehre zu genügen. Rüstow kam zumindest der Idee eines freien Sozialismus nahe. Man wird jedoch m. E. radikaler die Grundrechtstheorie der Würde als rechtskulturellen Kern des europäischen[386] Weges[387] in der Universalgeschichte[388], ganz im Sinne der vergleichenden Forschung von Wirtschaft, Gesellschaft und Religion von Max Weber, in den Mittelpunkt der Debatte um das Gemeinwohl stellen müssen. Die Sozialproduktdynamik in der europäischen Wirtschaftsgeschichte[389] wirft – und deshalb habe ich die soziologische Kulturgeschichte von Rüstow angeführt – aber die Frage nach dem Spannungsverhältnis[390] zur Demokratisierung[391] der Gesellschaft auf, in die auch das Subjektsystem der Wirtschaft eingebettet ist. Oder ist genau das das Problem: Dass die Wirtschaft die Politik der Gesellschaft regiert und selbst zur religiösen Kultur geworden ist? In der Tradition von 1789 ist es aber das Volk,[392] das sich aus der Herrschaft des Königtums[393] befreit hat und sich nun zum Bezugspunkt von Gemeinwohldefinitionen »aufgeklärt erklärt«.

Die geschichtstheoretische Debatte um den »Weg« Europas ist sich den komplexen – synkretistischen – Ursprüngen[394] der Moderne (die sich heute in einer gewissen Vielfalt[395] zeigt),[396] die bis in die vorderasiatischen Kulturräume[397] reichen, ja vollends bewusst. Die Diskurse um eine »jüdisch-christliche« Kulturgeschichte sind bekanntlich höchst kontrovers. Dass aber das Christentum nicht nur nicht ohne die hellenistische Tradition[398] in der orientalisierten römischen Spätantike zu verstehen ist, sondern auch nicht ohne ihre Verwurzelung in dem alttestamentlich überlieferten Religions-, Rechts- und allgemeinen Kulturgeschichte zu denken ist, dürfte un-

---

385 Nawroth E E (1961) Die Sozial- und Wirtschaftsphilosophie des Neoliberalismus. Kerle Verlag, Heidelberg – Verlag E. Nauwelaerts, Löwen.

386 Schulz-Nieswandt F (2012) „Europäisierung" der Sozialpolitik und der sozialen Daseinsvorsorge? Eine kultursoziologische Analyse der Genese einer solidarischen Rechtsgenossenschaft. Duncker & Humblot, Berlin.

387 Scholler H (2010) Grundrechte und Rechtskultur auf dem Weg nach Europa. Duncker & Humblodt, Berlin.

388 Geiss I (1993) Europa – Vielfalt und Einheit. B.-I.-Taschenbuch-Verlag, Mannheim u. a.

389 Vries P (2013) Ursprünge des modernen Wirtschaftswachstums. Vandenhoeck & Ruprecht, Göttingen.

390 Brunkhorst H (2014) Das doppelte Gesicht Europas. Zwischen Kapitalismus und Demokratie. Suhrkamp, Frankfurt am Main.

391 Müller J-W (2018) Das demokratische Zeitalter. Eine politische Ideengeschichte Europas im 20. Jahrhundert. Suhrkamp, Berlin.

392 Bendix R (1980) Könige oder Volk. Machtausübung und Herrschaftsmandat. 2 Bde. Suhrkamp, Frankfurt am Main.

393 Duby G (1986) Die drei Ordnungen. Das Weltbild des Feudalismus. Suhrkamp, Frankfurt am Main.

394 Dazu auch Nelson B (1986) Der Ursprung der Moderne. Vergleichende Studien zum Zivilisationsprozeß. Suhrkamp, Frankfurt am Main.

395 Eisenstadt S N (2000) Die Vielfalt der Moderne. 2. Aufl. Velbrück, Weilerswist.

396 Eisenstadt S N (1990) Tradition, Wandel und Modernität. Suhrkamp, Frankfurt am Main.

397 Kippenberg H G (1991) Die vorderasiatischen Erlösungsreligionen in ihrem Zusammenhang mit der antiken Stadtherrschaft. Suhrkamp, Frankfurt am Main.

398 Snell B (2011) Die Entdeckung des Geistes. Studien zur Entstehung des europäischen Denkens bei den Griechen. 9. Aufl. Suhrkamp, Frankfurt am Main.

strittig sein, auch ohne Panbabylonismus. Und die Debatte sodann um die mittelalterlichen Wurzeln der Moderne[399] sind schon seit langer Zeit diskutiert, aber eben auch nicht ohne die antiken Wurzeln (zu denen das auch geographisch weite Feld des vorchristlichen Altertums zählt)[400] und ohne die hoch entwickelte arabische Wissenschaft zu begreifen.[401] Die Möglichkeit zur Freisetzung einer Grundrechtstheorie in Bezug auf die Differenzierung von Staat und Kirche ist gebunden an die Wirkungen der sog. päpstliche Revolution als Beginn der modernen Zeit im 11. und 12. Jahrhundert.[402]

Wenn also das Menschenrechtsdenken als archimedischer Punkt einer europäischen Kultur gelten soll, so ist die Genealogie dieser Ankerfunktion keineswegs identisch mit der Geographie der heutigen EU. Europa ist ein Raum einer Idee, ein Raum, der von dem Potenzial dieser Idee beleuchtet wird.

23.2 Eurozentrismus? Soziale Grundrechte im Lichte der Würde: Kulturrelativismus als Selbstkastration Europas?

Diese Sicht mag als »eurozentristisch« im Sinne der Kritikperspektive eines post-kolonialen Paradigmas dequalifizierend eingeschätzt werden. Aber bei aller Berechtigung eines nachfragenden und vor mir aus auch dekonstruktiven Blicks, die Orientalismus-Debatte zur Blaupause einer solchen Kritik zu nehmen, so bleibt umgekehrt doch auch die Frage nach dem kryptischen Historismus bestehen: Weist hier ein kritischer Kulturrelativismus nicht auch nihilistische Potenziale in seiner Tiefenstruktur des Argumentierens auf? Mögen die Antinomien und Ambivalenzen der Universalisierbarkeit des Grundrechtsdenkens der Menschenrechtstradition in der neueren Debatte auch schonungslos aufgedeckt werden; ist denn Herbert Marcuse's Hinweis auf die Problem der »repressiven Toleranz«[403] in Vergessenheit geraten? Kritiker des Kulturrelativismus[404] haben daher auch argumentiert, es sei geradezu exkludierend und selbst rassistisch, den Menschen auf dieser Erde infolge ihrer zugeschriebenen Kultur den Anspruch auf Wirklich-Werden ihrer Menschenrechte verweigern zu wollen, wohl nach dem Motto „Andere Länder, andere Sitten". Daran gemessen ist die Argumentation[405] von Immanuel Wallerstein[406] nicht überzeigend. Um die Kritik der Kritik auf die Spitze ihrer Wahrheit zu treiben: Eine Auslegung der Scharia,[407] die gegen die Menschenrechte verstößt, muss aus europäischer Sicht als totalitär und verfassungswidrig eingestuft werden. Das gilt dann aber auch z. B. für Städte in

399 Mitterauer M (2004) Warum Europa? Mittelalterliche Grundlagen eines Sonderweges. 3. Aufl. Beck, München.

400 Le Goff J (1995) Das alte Europa und die Welt der Moderne. Beck, München.

401 Honnefelder L (2017) Woher kommen wir? Ursprünge der Moderne im Denken des Mittelalters. Velbrück, Weilerswist.

402 Berman H J (1995) Recht und Revolution. Die Bildung der westlichen Rechtstradition. Suhrkamp, Frankfurt am Main.

403 Fisahn A (2008) Repressive Toleranz und der „Pluralismus" der Oligarchien. PROKLA. zeitschrift für kritische sozialwissenschaft 38 (3) (152): 355–377.

404 Tibi B (1998) Europa ohne Identität? Die Krise der multikulturellen Gesellschaft. Bertelsmann, München.

405 Wallerstein I (2010) Die Barbarei der anderen. Europäischer Universalismus. Wagenbach, Berlin.

406 Wallerstein I (2018) Welt-System-Analyse. Eine Einführung. Springer VS, Wiesbaden.

407 Gellner E (1992) Der Islam als Gesellschaftsordnung. Klett-Cotta in dtv, München. Dazu auch Rodinson M (1986) Islam und Kapitalismus. 3. Aufl. Suhrkamp, Frankfurt am Main.

der EU, die sich als homosexualitätsfreie Räume definieren, für Mitgliedstaaten, die Flüchtlingen frieren und hungern lassen oder an der Grenze auf Kinder schießen möchten, die Pressefreiheit ins Gefängnis steckt usw.
Das ist alles von der Idee der UN her gedacht, wie sie in der Präambel des EUV in zeremonieller Art und Weise deklariert ist. Von Interesse kann der Blick in das moderne Japan sein. Ich bin hier überhaupt kein guter Kenner.[408] Spannend ist aber zu sehen, wie sich auch dort ein personalistischer Standpunkt in der japanischen Moderne herausbildet, die nach den Möglichkeiten der »Freiheit in der Geborgenheit«[409] fragt. Die neuere Debatte um das einsame Sterben in Japan[410] verweist doch auf Analogien zur europäischen Diskurslandschaft. Pflegeinfrastruktur, Sozialraum und Fürsorgekonzepte bei Demenz sind dort ebenso Themen dessen, was wir soziale Daseinsvorsorge nennen. Aber natürlich wird in der Forschung auch kontrovers diskutiert, wie sich die Autonomieverständnisse im Kulturvergleich im Sinne einer kultursemiotischen Analyse der Semantik verstehen lassen, oder welchen Weg der Kapitalismus in einer sog. metakonfuzianistischen Strukturation des zeitgeschichtlichen Feldes nimmt. Dann werden eher die Differenzen im Kulturvergleich betont. So besteht auch ein Problem im Universalismus-Streit gerade in der Frage, ob der Kulturrelativismus deskriptiv oder normativ zu verstehen ist.

23.3 Die Vergemeinschaftungsbedürftigkeit moderner Gesellschaften des heißen Kulturtyps

Bei Richard Münch[411] wird der europäische Code[412] des Zivilisationspfades definiert über die Dimensionen Rationalismus, Individualismus, Aktivismus, Universalismus. Was in der neueren Soziologie kritisch mit »Beschleunigung« thematisiert wird, hat die ältere Kulturanthropologie bzw. Ethnologie als »heiße« (in Angrenzung zu »kalten«) Kulturen benannt.[413] Allerdings handelt es sich hier um ein bipolares Spektrum, nicht um eine dichotome Segmentierung von Kulturtypen. Die Unterscheidung von Gemeinschaft und Gesellschaft in der komplexen Soziologie von Ferdinand Tönnies wurde hier historisch-sequenziell rezipiert und damit auch die Kultur der Moderne simplifiziert. Neuerdings wird überaus deutlich, dass säkularisierte Gesellschaften keine profane Kultur der Reinheit als Abwesenheit von Religosität ist, und sei es in Form gottloser Spiritualität. Auch die moderne (kapitalistische) Gesellschaft beruht auf Vergemeinschaftungsprozessen[414] und bedarf auch dieser Fundierung.[415] Ob die derzeitige kulturelle Einbettung in ihrer Vielfalt reicht: Das dürfte das Thema der kritischen Diagnostik sein. Die hier aufgegriffenen Themen der Kommunalisierung, der Sozialraumbildung, der Sozialkapitalentwick-

408 Nakane Ch (1985) Die Struktur der japanischen Gesellschaft. Suhrkamp, Frankfurt am Main; Singer K (1991) Spiegel, Schwert und Edelstein. Strukturen des japanischen Lebens. Suhrkamp, Frankfurt am Main.
409 Doi T (1982) Amae. Freiheit in Geborgenheit. Zur Struktur japanischer Psyche. Suhrkamp, Frankfurt am Main.
410 Dahl N (2016) Kodokushi. Lokale Netzwerke gegen Japans einsame Tode, transcript, Bielefeld.
411 Münch R (1986) Die Kultur der Moderne. Bd. 2. Suhrkamp, Frankfurt am Main.
412 Zu Codes vgl. auch Giesen B (1991) Die Entdinglichung des Sozialen. Suhrkamp, Frankfurt am Main.
413 Lévi-Straus C (1981) Das wilde Denken. 4. Auflage. Suhrkamp, Frankfurt am Main: 270.
414 Gephardt W (1998) Handeln und Kultur. Suhrkamp, Frankfurt am Main: 173 ff.
415 Zum umgekehrten Problem der kulturell blockierten Modernisierung: Tibi B (1985) Der Islam und das Problem der kulturellen Bewältigung sozialen Wandels. Frankfurt am Main: Suhrkamp.

lung, der lokalen Gemeinwesenökonomie und der Commons, der genossenschaftlichen Formen des Lebens etc. sind geprägt von dieser Problematik der Rolle einer gemeinschaftlichen Lebenswelt als Fundierung moderner Gesellschaftlichkeit.

23.4 Beschleunigung und Resonanz

Es geht also im vorliegenden Kontext um die Frage, wie apollinische Gesellschaften[416] der modernen Welt ihre kulturelle Ordnungsbedürftigkeit unter den erodierenden Bedingungen kapitalistischen Beschleunigungsdynamik[417] organisieren können: Welche Formen der Ordnungsgebung sucht der Turbo-Kapitalismus? Ein Weg des 20. Jahrhunderts als Epoche der Angst, der Nervosität und der geistigen Obdachlosigkeit war der Weg in den Faschismus. Daneben hat der Kapitalismus (als Kultur)[418] sich selbst – jenseits der des symbolischen Systems von Kultus, Ritus, Mythos der Führerkult-Religion des Nationalsozialismus und des Stalinismus – zu einem mentalen, kognitiven, ästhetischen Kosmos der Vergemeinschaftung etabliert und Mechanismen der Gouvernementalität entwickelt, die in der Forschungstradition u. a. von Michel Foucault heute tiefer verstanden werden können. Die Frage, die sich hier ergibt, ist die, ob es keine Alternative zu dieser kapitalistischen Kultur geben kann? Ich habe Bausteine einer solchen Alternative vorliegend eingebracht. Mit Resonanz[419] bezeichnet Hartmut Rosa Formen horizontaler wie vertikaler In-Beziehung-Setzung des Menschen mit seiner Welt, in der er steht. Er steht damit einerseits in der Tradition kritischer Theorie der Entfremdung,[420] ein Thema,[421] das zuletzt doch auch wieder vitalisiert worden ist,[422] bleibt aber – so auch die Kontroverse[423] – begrifflich in konturloser Abstraktion gefangen, andererseits fehlt ihm eine philosophiegeschichtlich fundierte Verankerung, dieses diagnostische Potenzial[424] zu entfalten.

Schluss

Im Untertitel ist von einer Diskurseröffnung die Rede. Ich habe mich bemüht, und dies mit einer gewissen Absicht auf innere Kohärenz, mögliche Sichtweisen und relevante Positionen, vielerlei Themen und diskurseröffnende Thesen, wichtige Dimensionen und Aspekte aufzugreifen und einzubringen. Der Text hat eine gewisse Verästelungs-Gestalt angenommen, doch sollte der berühmte »rote Faden« erkennbar worden sein.

Die Analyse ist ein absichtsvolles Mischgebilde explikativer und normativer Art. Formen der Gemeinwirtschaft als Einzelwirtschaftsgebilde wie auch als Kultur der Wohlfahrtsproduktion

416 Benedict R (1955) Urformen der Kultur. Rowohlt, Hamburg.
417 Rosa H (2005) Beschleunigung. 11. Aufl. Suhrkamp, Berlin.
418 Claessens D & Claessens K (1992) Kapitalismus und demokratische Kultur. Suhrkamp, Frankfurt am Main.
419 Rosa H (2019) Resonanz. 3. Aufl. Suhrkamp, Berlin.
420 Rosa H (2013) Beschleunigung und Entfremdung. 7. Aufl. Suhrkamp, Berlin.
421 Henning Chr (2020) Theorien der Entfremdung zur Einführung. 2., erw. Aufl. Junius, Hamburg.
422 Honneth A (2015) Verdinglichung. Suhrkamp, Berlin; Jaeggi R (2016) Entfremdung. 2. Aufl. Suhrkamp, Berlin.
423 Peters Chr & Schulz P (Hrsg) (2017) Resonanzen und Dissonanzen. Hartmut Rosas kritische Theorie in der Diskussion. transcript, Bielefeld.
424 Fuchs Th, Iwer L & Micali St (Hrsg) (2018) Das überforderte Subjekt. 2. Aufl. Suhrkamp, Berlin.

ganzer Sektoren (Bedarfsfelder) müssen sich breiter und tiefer in unserer Gesellschaft entfalten. Damit ist eng ein Verständnis von Gemeinwohl verbunden, dass sich aus dem Menschenbild der geltenden normativ-rechtlichen Regime herauskristallisiert. Somit ist dergestalt ein substantieller Gehalt im Kern des Gemeinwohls fixiert: die Idee der Person-Werdung im solidarischen Miteinander des Gemeinwesens, fundiert in der naturrechtlich fassbaren Würde, die sich als Freiheit der Entfaltung der Persönlichkeit im Lebenslauf zum Ausdruck bringt, eingebettet in die Form der Teilhabe den wirtschaftlichen, politischen, sozialen und kulturellen Möglichkeitsräumen des Gemeinwesens. Inklusion, nicht Exklusion prägt dieses Gemeinwohlverständnis der Polis. Diese Teilhabechancen sind durch Gemeinwirtschaftlichkeit der Wohlfahrtsproduktion gewährleistet.

Die Gemeinwirtschaft ist als Gemeinwohlökonomie aber nicht nur ein Instrument der Wohlstandsentwicklung, sondern die Form,[425] in der sich die Personalität entfalten kann. Das zeigt sich insbesondere in der genossenschaftlichen Art und Weise des Arbeitens, Wohnens, Konsumierens, in Einzelgebilden, aber auch im Modus der Sozialraumbildung.

Dieses Formprinzip der Gegenseitigkeitshilfe im Spiegel der Miteinanderverantwortung macht deutlich, wie diese Gemeinwohlökonomie außerhalb des Marktes kapitalistischer Logik steht. Insofern habe ich auf die Idee der dualen Wirtschaftsordnung zurückgegriffen. In der Idee freier Gemeingüter als öffentliches Gut wird dieser heterotope Raum in seiner radikalen Alterität verständlich.

Festzuhalten ist:

a) Deutlich wird nun auch, dass das Gemeinwohl verfahrenstechnisch nicht summativ (im Sinne eines additiven Aggregationsmodus) und auch substantiell nicht aus individuellen Präferenzen über Markt-Konsumgüter besteht.
b) Die konstitutive Substanz des Gemeinwohls ist die Daseinsführung aus Würde heraus, das Erleben von Selbstbestimmung in Modi der Selbstständigkeit und Partizipation.
c) Die ökonomische Wohlstandsentwicklung (*economic welfare als consumption-utility-level*) geht mit allen seinen sozialen Kosten (bzw. negativen Externalitäten) in das Sozialprodukt ein und ist ein Teil der Gemeinwohlbildung. Doch ist das Wachstum des Sozialprodukts eben kein hinreichender Indikator für die Lebensqualität und für das Wohlergehen (*well-being*) der Bevölkerung.
d) Die soziale Wohlfahrt (*social welfare as common good*) muss hinzukommen, um die Lebensqualität abzubilden. Und hier geht es[426] folglich vor allem um die
   - Bildung[427] und Gesundheit,[428]
   - um Wohnen und Wohnumfeld,
   - um Infrastruktur[429] und Mobilität,
   - um ausgeglichene Funktionsräume,[430]

425 Ausher F (2015) Die Macht der Form. Versuch einer dynamischen Ontologie. transcript, Bielefeld.
426 Andretta G (1991) Zur konzeptionellen Standortbestimmung von Sozialpolitik als Lebenslagenpolitik. Transfer Verlag, Regensburg.
427 Gemeint ist kulturelles Kapital, nicht nur Humankapital im Spiegel des Employabilty-Dispositivs.
428 Gemeint in Bezug auf Geist, Seele und Körper, nicht nur im Spiegel des Workability-Dispositivs.
429 Im Lichte der Universaldienstkriterien der Informiertheit, Erreichbarkeit, Verfügbarkeit, Zugänglichkeit und Akzeptanz.
430 Gemeint in Bezug auf Arbeit, Wohnen, Konsum und freier Zeit der Erholung.

- um soziale Integration im inklusiven Sozialraum und um soziale Beziehungen als Sozialkapital,[431]
- um Generativitätschancen;[432]
- um Generationengerechtigkeit,
- um soziale, wirtschaftliche und ökologische Nachhaltigkeit,
- um Sicherheit und Geborgenheit durch Bindungserfahrung,
- um Systemvertrauen und Demokratiekultur,
- um Kohärenzgefühl, Selbstwirksamkeitserleben und Selbstwerterfahrung,
- Abbau »struktureller Gewalt«.

Die Gemeinwohlidee als Wohlergehen »Aller« in der »Miteinanderverantwortung und Miteinanderfreiheit« (»Menschenrecht ist Menschenpflicht«) verweist uns daher auf die Gesellschaftsgestaltungsaufgaben der demokratischen Politik des sozialen Rechtsstaates in Kooperation mit der Zivilgesellschaft und dem Dritten Sektor der Wohlfahrtsgesellschaft. Jeder »Essentialismus des Marktes« ist hier eine ideologische Verfehlung, die Entfremdung des »uneigentlichen« Menschen aufzubrechen, endlich »eigentlicher« Mensch in Daseinswahrheit zu werden: also im »Knotenpunkt seiner sozialen Beziehungen« im Sinne narrativer Identität zu lieben und geliebt zu werden: ein »Leben der Freiheit in Geborgenheit«.

431 Auch mit Bezug auf die Vermeidung von Einsamkeit.
432 Als positive Alternative zum »sozialen Tod« als strukturelle erzwungenes Disengagement.

Die Zeitschrift für öffentliche und gemeinwirtschaftliche Unternehmen (Journal for Public and Nonprofit Services) ist eine wissenschaftliche Fachzeitschrift. Sie versteht sich ferner als Informations-, Diskussions- und Dokumentationsschrift und ist zugleich Organ des Bundesverbandes Öffentliche Dienstleistungen – Deutsche Sektion des CEEP (BVÖD). Die ZögU wendet sich an

- Forscher, Lehrer und Studierende in wissenschaftlichen Hochschulen, Fachhochschulen sowie Verwaltungs- und Wirtschaftsakademien, ferner an
- wissenschaftlich interessierte Führungskräfte sowohl in den Unternehmen des Bundes, der Länder und der Kirchen, Stiftungen, Parteien, Verbänden und Gewerkschaften einschließlich der öffentlich gebundenen und genossenschaftlichen Unternehmen, nicht zuletzt an
- Politiker und Angehörige von öffentlichen Verwaltungen, Verbänden und Gewerkschaften, die mit öffentlichen und gemeinwirtschaftlichen Unternehmen zu tun haben.

Referee-Verfahren:
Die in der ZögU veröffentlichten Abhandlungen werden durch zwei fachkundige Dritte beidseitig anonym begutachtet, evtl. wird ein Drittgutachten eingeholt. Dem Verfasser wird danach mitgeteilt, ob der Beitrag zur Veröffentlichung – gegebenenfalls nach empfohlener Überarbeitung – angenommen werden kann.

Impressum

Schriftleitung (V.i.S.d.P):
Professor Dr. Frank Schulz-Nieswandt

Redaktionsteam:
Leonie Weigner, B.Sc.
Alle zur Veröffentlichung bestimmten Manuskripte sind zu senden an:
Prof. Dr. Frank Schulz-Nieswandt, Professur für Sozialpolitik und Methoden der qualitativen Sozialforschung im ISS, Universität zu Köln | Albertus-Magnus-Platz | D-50923 Köln | Telefon: 0221/470-6615 | E-Mail: redaktion-zoegu@uni-koeln.de.
Mitteilungen an den Bundesverband Öffentliche Dienstleistungen – Deutsche Sektion des CEEP e.V. (BVÖD) | Invalidenstraße 91 | D-10115 Berlin | Telefon 0 30/9439513-0.
Nicht verlangte Besprechungsexemplare können nicht zugesandt werden. Namentlich gekennzeichnete Artikel müssen nicht die Meinung der Redaktion oder des Verlages wiedergeben. Unverlangt eingesandte Manuskripte – für die keine Haftung übernommen wird – gelten als Veröffentlichungsvorschlag zu den Bedingungen des Verlages. Die Verfasser erklären sich mit einer nicht sinnentstellenden redaktionellen Bearbeitung und der Verwertung auch in elektronischen Medien einverstanden.

www.zoegu.nomos.de

Druck und Verlag:
Nomos Verlagsgesellschaft mbH & Co. KG | Waldseestr. 3-5, D-76530 Baden-Baden | Telefon 07221/2104-0 | Fax 07221/2104-27 | E-Mail nomos@nomos.de

Anzeigen:
Sales friendly Verlagsdienstleistungen, Pfaffenweg 15 53227 Bonn | Telefon 0228/978980 | Fax 0228/9789820 | E-Mail roos@sales-friendly.de

Erscheinungsweise:
4 Ausgaben pro Jahr

Bezugspreise 2020:
Jahresabonnement incl. Onlinezugang (Privat) 159,– €, Institutionspreis incl. Onlinezugang 298,– €, Einzelheft 42,– €
Alle Preise verstehen sich incl. MwSt., zzgl. Versandkostenanteil.

Beihefte die zu diesem Titel erscheinen, werden den Abonnenten mit einem Vorzugspreis automatisch zugesandt und können bei Nichtgefallen zurückgegeben werden.

Bestellmöglichkeit:
Bestellungen beim örtlichen Buchhandel oder direkt bei der Nomos Verlagsgesellschaft Baden-Baden

Kündigungsfrist: jeweils drei Monate vor Kalenderjahresende

Bankverbindung generell:
Zahlungen jeweils im Voraus an Nomos Verlagsgesellschaft, Postbank Karlsruhe: DE07 6601 0075 0073 6367 51 (IBAN), PBNKDEFF (BIC) oder Sparkasse Baden-Baden Gaggenau: DE05 6625 0030 0005 0022 66 (IBAN), SOLADES1BAD (BIC)

ISSN 0344-9777

Zeitfracht Medien GmbH
Ferdinand-Jühlke-Straße 7
99095 Erfurt, Deutschland
produktsicherheit@kolibri360.de